国家教学资源库配套教材

高等职业教育素养类精品教材·任务驱动与项目导向系列

人际沟通实务

袁锦贵 施 艳 杨 璇 主 编

方志贤 副主编

张 黎 主 审

电子工业出版社

Publishing House of Electronics Industry

北京·BEIJING

内 容 简 介

本书包括两个模块，每个模块分四个训练单元，其中，沟通素养训练模块包括"认知沟通""沟是为了通""如何沟，才能通""沟通有禁忌"四个训练单元；沟通技能训练模块包括"电话沟通技能""网络沟通技能""面对面沟通技能""会议沟通技能"四个训练单元。

本书适用于以人际沟通为核心或基础的管理服务类专业教学或企业、社会人员培训。

未经许可，不得以任何方式复制或抄袭本书之部分或全部内容。
版权所有，侵权必究。

图书在版编目（CIP）数据

人际沟通实务 / 袁锦贵，施艳，杨璇主编． -- 北京：电子工业出版社，2025.3. -- ISBN 978-7-121-49563-2

Ⅰ．C912.11

中国国家版本馆CIP数据核字第2025HZ8449号

责任编辑：贾瑞敏
印　　刷：三河市兴达印务有限公司
装　　订：三河市兴达印务有限公司
出版发行：电子工业出版社
　　　　　北京市海淀区万寿路173信箱　邮编：100036
开　　本：787×1 092　1/16　印张：9.75　字数：250千字
版　　次：2025年3月第1版
印　　次：2025年3月第1次印刷
定　　价：39.00元

凡所购买电子工业出版社图书有缺损问题，请向购买书店调换。若书店售缺，请与本社发行部联系，联系及邮购电话：（010）88254888，88258888。

质量投诉请发邮件至zlts@phei.com.cn，盗版侵权举报请发邮件至dbqq@phei.com.cn。

本书咨询联系方式：（010）88254019，jrm@phei.com.cn。

前　言

党的二十大报告指出："全面建设社会主义现代化国家，必须增强全社会的文明素质和社会文明程度，推进文化自信自强。"通过提升人际沟通能力，我们不仅可以更好地适应职场需求，还能够促进个人与社会的和谐发展，为实现中华民族的伟大复兴贡献自己的力量。

从某种意义上来说，沟通已经不仅仅是一种技能，更是一种生存方式。在日常生活和工作中，人们无时无刻不在进行沟通：在家里与家人交流，在外面与同事、同学、亲友故旧、客户等各种身份的人互动，有时还要与上下级单位、平行单位甚至孩子的学校等关联单位的人员沟通，甚至在内心中不断与自己的各种想法对话，反复权衡取舍。科学研究表明，一个人在清醒状态下，每天大约有70%以上的时间花在各种各样的沟通活动上。因此，人际沟通能力是人际交往中最为重要的关键能力。

同时，根据用人单位的调研和毕业生反馈的信息，对于任何人而言，沟通能力都是适应工作、驰骋职场的必备能力。它能够让你更快地融入团队和组织，更快地熟悉工作内容，更好地获得他人的理解、支持与合作，顺利实现从职场新手到职场达人的转变。因此，人际沟通能力不仅影响我们的生存状态，更对我们的职场适应能力和职业发展空间拓展有着举足轻重的影响。

为了帮助人们学会运用沟通理论、观点和思维方式来理解自己的社会角色和职业角色，提升自我认知和职业认知水平，强化沟通素质的养成和沟通技能的提升，从而为更好的生活、学习和工作奠定坚实的基础，我们在文秘专业国家教学资源库建设的基础上，组织了教学一线骨干教师和企业资深专家共同编写了这本配套教材。本书以实际沟通任务为载体，以人际沟通素质养成和人际沟通技能训练为重点，全书分为"沟通素养训练"和"沟通技能训练"两大模块。其中，"沟通素养训练"模块包括"认知沟通""沟是为了通""如何沟，才能通""沟通有禁忌"四个训练单元，"沟通技能训练"模块包括"电话沟通技能""网络沟通技能""面对面沟通技能""会议沟通技能"四个训练单元。本书由国家二级秘书袁锦贵（衢州职业技术学院）、国家二级心理咨询师施艳（嘉兴职业技术学院）和国家人力资源管理师杨璇（嘉兴职业技术学院）共同担任主编，国家二级心理咨询师方志贤（嘉兴职业技术学院）担任副主编。具体分工如下：施艳负责"认知沟通""沟是为了通"；方志贤负责"如何沟，才能通""沟通有禁忌"；袁锦贵负责"电话沟通技能""网络沟通技能"；杨璇负责"面对面沟通技能""会议沟通技能"。为了确保本教材的职场适应性，特邀请张小泉股份有限公司的人力资源总监张黎担任本书主审，本书章节安排和内容结构由袁锦贵、方志贤、张黎负责设计。本书配有丰富的教辅资源，可以登录华信教育资源网免费下载。

最后，特别致谢电子工业出版社的编辑们，他们为全书的策划、设计、编撰和完成付出了艰辛的努力和辛勤的汗水，并对本书提出了很多宝贵的修改意见。同时，本书参考了大量前辈学人的著作，也广泛收集了网络沟通素材，在此，对于参考、引用的广大前辈学人和网络资料著作权人表示特别的感谢！如果发现部分不规范的参考、引用问题，请联系主编并批评指正，我们将在下次修订时予以修正。

编 者

目　　录

模块一　沟通素养训练 ... 1

训练单元一　认知沟通 ... 1
　　任务一　体验无效沟通 ... 2
　　任务二　尝试有效沟通 ... 9
　　任务三　感受沟通魅力 ... 18

训练单元二　沟是为了通 ... 28
　　任务一　反思沟而不通 ... 28
　　任务二　查找沟通障碍 ... 34
　　任务三　实现有效沟通 ... 39

训练单元三　如何沟，才能通 ... 47
　　任务一　沟通从心开始 ... 48
　　任务二　正确选择沟通方式 ... 54
　　任务三　准确传达信息要点 ... 62
　　任务四　学会有效倾听 ... 68

训练单元四　沟通有禁忌 ... 75
　　任务一　忌盛气凌人、滔滔不绝 ... 75
　　任务二　忌缺乏信任、侵犯隐私 ... 81

模块二　沟通技能训练 ... 87

训练单元五　电话沟通技能 ... 87
　　任务一　话术准备 ... 88
　　任务二　把握时机 ... 93
　　任务三　电话接听流程 ... 96
　　任务四　处理棘手电话 ... 99

训练单元六　网络沟通技能 ... 101
　　任务一　封闭式网络沟通 ... 102
　　任务二　（半）开放式网络沟通 ... 106

训练单元七　面对面沟通技能 ... 111
　　任务一　有效接待（上）——接待介绍 ... 111

任务二　有效接待（中）——握手致意 ·············· 113
　　任务三　有效接待（下）——名片的使用 ·············· 116
　　任务四　用语言准确传情达意 ························ 119
　　任务五　用非语言准确传情达意 ···················· 122

训练单元八　会议沟通技能 ···························· 129
　　任务一　确定会议类型 ······························ 129
　　任务二　会议准备 ·································· 132
　　任务三　会议控场 ·································· 137
　　任务四　会议主持稿编写 ···························· 139
　　任务五　会议记录与总结 ···························· 143

参考文献 ·· 147

模块一 沟通素养训练

训练单元一　认知沟通

单元学习思维导图

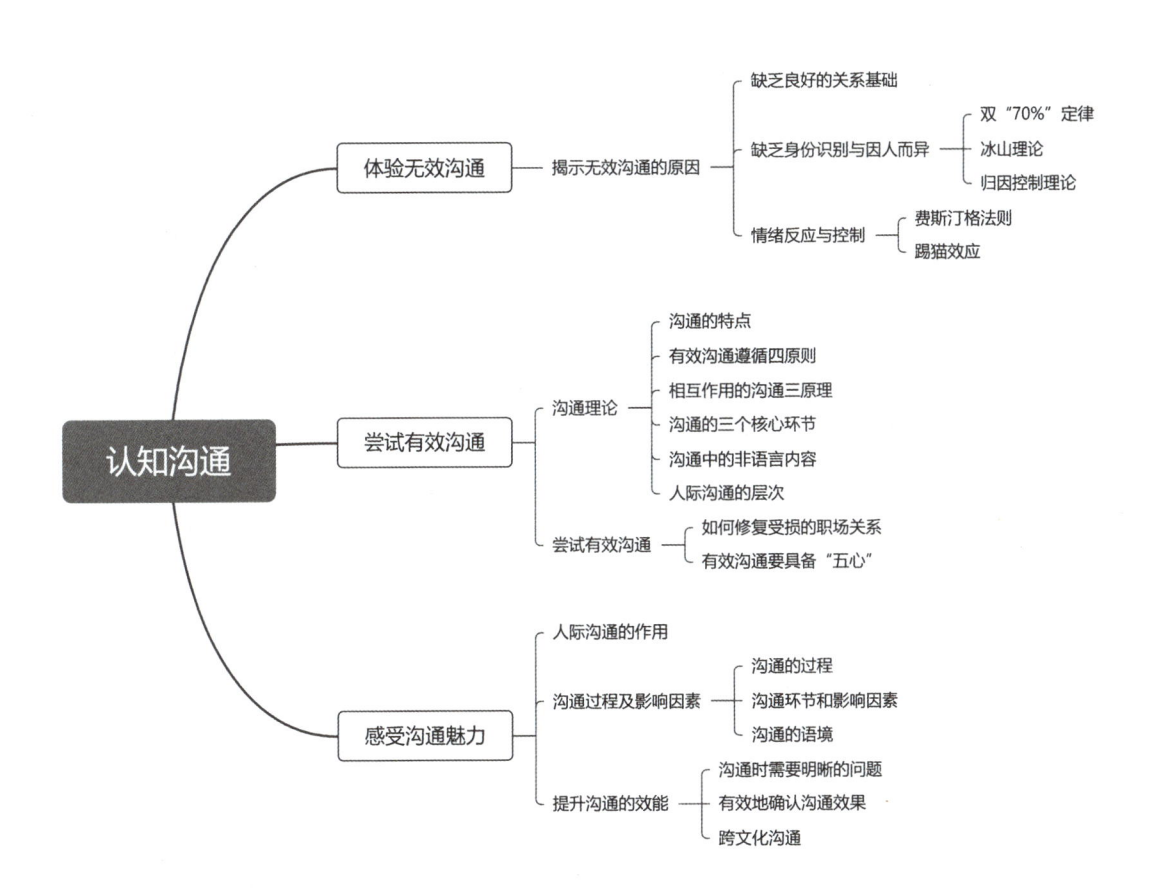

```
认知沟通
├── 体验无效沟通
│   ├── 揭示无效沟通的原因
│   │   ├── 缺乏良好的关系基础
│   │   └── 缺乏身份识别与因人而异
│   │       ├── 双"70%"定律
│   │       ├── 冰山理论
│   │       └── 归因控制理论
│   └── 情绪反应与控制
│       ├── 费斯汀格法则
│       └── 踢猫效应
├── 尝试有效沟通
│   ├── 沟通理论
│   │   ├── 沟通的特点
│   │   ├── 有效沟通遵循四原则
│   │   ├── 相互作用的沟通三原理
│   │   ├── 沟通的三个核心环节
│   │   ├── 沟通中的非语言内容
│   │   └── 人际沟通的层次
│   └── 尝试有效沟通
│       ├── 如何修复受损的职场关系
│       └── 有效沟通要具备"五心"
└── 感受沟通魅力
    ├── 人际沟通的作用
    ├── 沟通过程及影响因素
    │   ├── 沟通的过程
    │   ├── 沟通环节和影响因素
    │   └── 沟通的语境
    └── 提升沟通的效能
        ├── 沟通时需要明晰的问题
        ├── 有效地确认沟通效果
        └── 跨文化沟通
```

任务一　体验无效沟通

工作任务	体验无效沟通
建议学时	1 学时
教学模式	理实一体化
教学方法	案例研讨 + 模拟体验
教学目标	知识目标：了解无效沟通的原因、冰山理论、归因偏差、费斯汀格效应、踢猫效应等； 能力目标：能够觉察自己的情绪状态，并能够因人而异、因关系而异解决沟通中的问题； 素质目标：能够保持对身份的敏感和觉察，能够处理沟通双方的关系； 思政目标：能够相互关怀、保持沟通，促进社会和谐

情景导入

你是不是遇到过这样的情况：和异性聊天常常陷入尬聊，一不小心还会惹对方生气；和上司独处时，一着急说错话，便又羞又怕；和父母沟通，却总是话不投机……为什么我们怀着极大的勇气和诚意向对方敞开自己去沟通，却往往越沟越不通呢？

很多时候我们都能体会到沟通的艰难，一不小心就会陷入一些无效沟通的交际现象中，如自我矛盾、前后不一致、转换话题、词不达意、语句残缺、误解、晦涩等。而有些人会以困倦、醉酒、不懂英语或者其他借口，正当地结束谈话。

知识解码

沟通，这一行为，是人们交流信息、共享思想与情感的全方位过程。它不仅限于口头与书面语言，更涵盖了身体语言、个人习惯、方式及物质环境等赋予信息多重含义的元素。在这个纷繁复杂的世界中，无论个体如何努力避免，沟通都是无法回避的存在。无论我们是积极行动还是选择静止，是开口说话还是保持沉默，都在以不同的方式传递着信息，这些信息如同无形的纽带，连接着人与人之间的情感与理解。飞机上闭目养神的乘客，以无声的方式传达着"我不想和任何人交谈，也不想被任何人打扰"的信息，而邻座乘客则心领神会，以恰当的方式回应，共同营造了一个和谐的空间。[1]

每一次进行人际沟通，我们都置身于多重选择之中：决定与谁交流，斟酌言辞，决定哪些话该说、哪些话不宜提及，以及如何精准地传达自己的意图。人际沟通的过程，深刻反映了你的自我认知——你是谁、你的知识背景、你的信念体系、你的价值观、你的期望，以及你从外界接收到的信息和你所持有的态度。这些内在因素，无一不在塑造着你的沟通内容与方式，同时也影响着你所接收信息的种类及接收方式。你正在沟通的对象及你对他的看法也会影响到人际沟通的内容。[2]

---

[1] 参考美国保罗·瓦兹拉维克《人类沟通的语用学》，上海：华东师范大学，2016 年 8 月第 1 版。
[2] 综合参考美国约瑟夫·A·德维托《最有效的沟通》，北京：中国人民大学出版社，2014 年 6 月第 1 版。

我们也经常会遇到如下的无效人际沟通：

案例 1. 大妈上了空调车，投下了一块钱。司机提醒道："两块。"大妈笑着回应："是啊，这车里真凉快。"司机道："空调车两块。"大妈点头赞同："确实凉快。"司机再次强调："投两块！"大妈依然笑着回答，语气中带着几分俏皮："不只是头顶凉快，全身都觉得凉快呢。"说完，她便悠然地往后车厢走去。司机见状，再次重申："钱投两块。"大妈回头，一脸认真地说："我觉得后面人少，应该会更加凉快。"司机听后，一时语塞，无言以对。

案例感悟：沟通不到位，努力全白费。由于语义理解的差异，往往导致沟通变得无效，令人感到如同鸡同鸭讲般无助。因此，在沟通过程中，能否采用同一套语言系统，能否迅速调整自己的表达方式与对方达成共鸣，就显得至关重要。比如，当司机意识到沟通障碍后，他若能这样重新组织语言："大妈，我指的是上车需要投两元钱的车费。"相信这样的沟通就能够顺畅许多，避免了许多不必要的误解和尴尬。

案例 2. 王：上周出差的时候，我乘电车去客户公司，结果，在半路电车停运了，真是……

李：啊，那你比约定时间迟到了吧？

王：嗯，迟了10分钟左右，关键是……

李：那也没办法嘛。对方也没有生气吧？我也有几次相同的经历呢，不过我都有出示地铁的晚点证明。

案例感悟：你会不听对方把话说完就提出个人意见吗？在上述案例中，王的本意显然并非仅仅陈述电车停运导致他迟到这一事实，而是想要分享一个更为震撼的电车停运原因。李却未能耐心倾听到最后，仅凭初步印象就草率地结束了对话，这无疑构成了一次典型的无效沟通。

在有效的沟通中，倾听与理解是基石。遗憾的是，由于李的过早判断与回应，错失了深入了解王所遭遇的独特经历的机会，也未能真正接收到王想要传递的核心信息。更重要的是，这次沟通的无效性还提前关闭了进一步交流的可能性，使得原本可能丰富的对话内容戛然而止。

这一案例提醒我们，在沟通中保持耐心，给予对方充分表达的空间，是确保信息传递准确、沟通顺畅的关键所在。

小贴士 职场中常见的无效沟通

- 他不想跟我合作。
- 他自说自话，完全不听我说什么，如图1-1所示。
- 他草草下结论，给出他自以为是的评价。
- 沟通从来没有达成一致过，永远意见不合，见面就吵，如图1-2所示。

图 1-1　职场中常见的无效沟通（1）　　　图 1-2　职场中常见的无效沟通（2）

无效沟通的产生主要有如下三个方面原因。

一、缺乏良好的关系基础

我深知与上司之间的界限，他作为上司，我作为下属，出于对公司及项目的考量，我提出了建议，且措辞极为谨慎，然而他并未采纳。我本意是为团队着想，考虑到我们的角色定位，我的建议与帮助理应在此框架内被接纳，然而为何关系反而出现了裂痕？沟通似乎并未如预期般顺畅。作为下属，我确有责任向领导指出项目中的潜在问题，以规避风险，然而领导的不予理睬，让我困惑不已，问题究竟出在哪里呢？

人际沟通中的诸多障碍，根源往往在于未能有效区分内容信息与关系信息。即便信息内容各异，关系层面的互动模式却可能如出一辙，比如孩子向父母请求周末外出或借用车辆，背后都隐含着亲子间的权力与依赖关系。夫妻间的争执，很多时候并非因具体事务的分歧，而是因关系层面的理解与期待未能契合。同样，同事间或室友间的沟通障碍，常源于相互间信任不足，关系亲密度欠缺，导致内容交流难以深入。

关系的情感深度与投入度直接影响着沟通的效果。当双方情感融洽、关系紧密时，沟通自然顺畅；反之，若关系疏远，缺乏必要的情感投入，沟通便可能陷入僵局，甚至完全失效。关系状态对沟通效果具有显著影响，如图 1-3 所示。

熟悉度　　　情感度　　　投入度　　　你 有效沟通 对方
够不够哥们　情感好不好　关系的远近

图 1-3　关系影响沟通

二、缺乏身份识别与因人而异

在实际生活中确实会频繁遇到这样的情况：职场沟通时，必须细致考量彼此的"身份"。这里的"身份"，并非单纯指代社会职能，而是指每个人在内心深处如何评估对方，将其置于何种位置。这种评估基于多方面的认可，包括社会地位、心理层面的接纳度，以及个人品质标签（如可靠性、信任度）等。换言之，即便对方是专家，我们也不一定会因其专家身份而自动给予认可，而是会综合考量其多方面因素。

每个人心中都有一套对自我及他人的"身份界定"，这套界定体系深刻影响着我们的沟通方式与语言选择。因此，在职场沟通中，明确并尊重彼此的身份与关系至关重要。这意味着，面对不同的身份与关系，我们需要灵活调整沟通策略，包括语言风格、谈话内容乃至话题的引入顺序，以适应不同的沟通场景与对象。若一味采用固定的沟通模式，势必会引发误解与冲突。常见身份对应情况如表 1-1 所示。

表 1-1　常见身份对应情况

级　别	身　份
上级	上司、导师、父母、权威专家
平级	同事、朋友、邻居
下级	孩子、学生、下属

在正式沟通前，进行关系和身份的确认，梳理沟通目的，可以尝试用清单问题方法梳理沟通目的，如：

- 我为什么要说这些？
- 我希望对方有什么反应？
- 我希望我的现状发生什么变化？

三、情绪反应与控制

沟通的艺术里，情绪占据着举足轻重的地位，它不仅易于传递，更具备强烈的感染力。人们的情绪感知力异常敏锐，特别是在交流互动的场合中，情感的交流往往占据了主导地位，有时甚至高达七成，而具体的内容则退居其次。一旦情绪基调出现偏差，即便是再合理的内容也可能被曲解或忽视。

自信的姿态在邀请发出或演讲进行时，能够显著影响沟通的成效。相比之下，情绪化的反应，如频繁的愤怒爆发或过度的戒备心理，不仅是对时间的无谓消耗，更是对人际关系的潜在破坏，最终可能导致沟通走向无效甚至彻底失败。我们都可能有过这样的经历：一句无心的言语，却意外触发了对方的情绪按钮，让原本和谐的对话瞬间陷入尴尬。

当情绪掌控了我们的思绪，大脑的边缘系统便接管了指挥权，逻辑与理性的左脑神经通路则暂时让位。此刻，我们往往被情绪的洪流所淹没，失去了冷静思考的能力，难以设身处地为对方着想，进而阻碍了双方建立信任与有效沟通的基础。

情商，作为情感智商的衡量标准，高情商者通常展现出更强的情绪觉察与管理能力。他们不仅能敏锐地感知并调控自己的情绪，还能深入理解他人的感受与情绪状态。通过合理且恰当地表达情感，他们有效避免了无效的沟通或误解，确保了信息传递的准确与高效。因此，提升情商，对于改善人际关系、促进有效沟通而言，无疑是一条重要且可行的途径。

小贴士　善于表达情绪者与不善于表达情绪者的差异

- 更快乐；
- 更强的自我认同感；
- 在人际交往中更自如；
- 较少陷入沮丧；
- 压力感较低；

- 心理健康状况更佳；
- 更积极参与社交活动；
- 较少处于社交孤立状态；
- 更常获得他人的情感支持；
- 更常处于满意的恋爱状态。

知识加油站

1. 双"70%"定律

管理者 70% 的时间都用于沟通，然而工作中 70% 的失误是由沟通不当所导致的。由此可见，管理者并不缺乏沟通的意识，而是欠缺沟通的艺术和技巧。

同样的道理在日常生活中也适用，我们遭遇的多数矛盾与问题，往往因为缺少沟通或者沟通不畅。倘若大家都能够掌握沟通的艺术和技巧，坦诚相待，相信生活中能够减少许多矛盾和冲突。

2. 冰山理论

冰山理论是萨提亚家庭治疗中的重要理论，实际上它是一个隐喻。一个人的"自我"就像一座冰山，我们能看到的只是表面极少的一部分行为，而更多部分的内在世界隐藏在水面之下，不为外人所见。它包括了个体的行为、应对方式、感受、感受的感受、观点、期待、渴望、自我 8 个层次，如图 1-4 所示。这些内在层次，恰如冰山的主体，虽不易触及，却构成了个体行为的根源与动力。在沟通的过程中，若我们仅停留于表面，忽视了对方深层次的感受与需求，便容易陷入"无效沟通"的困境。有效的沟通，要求我们具备敏锐的洞察力与同理心，能够穿透表面的言行举止，触及并理解对方内心深处的情感与渴望。

图 1-4 冰山理论

掌握并运用冰山理论，不仅能够帮助我们在沟通中更加精准地把握对方的真实意图与需求，还能促进双方建立更深层次的理解与连接，从而达成更加有效与和谐的沟通效果。

3. 归因控制理论

形成印象的一种方式是归因控制，即我们如何解释他人行为背后的动机。若你认为对方有能力控制却未控制自身行为，往往会引发消极反应；反之，若觉得对方行为出于不可抗力，则可能不将其行为简单归为积极或消极，而是对其处境表示同情。例如，当有人解释本可以准时却因不明原因迟到，你会认为其不负责任；但若告知是因交通堵塞所致，你则可能仅感遗憾，不轻易责备。归因控制过程中，常因归因偏差而导致误解或沟通障碍。以下是三种常见的归因偏差，需加以留意并避免。

首先是自利性归因偏差，即倾向于将成功归功于自身特质（如勤勉、聪明），而将失败归咎于外部因素（如任务难度、时间紧迫）或不可控事件（如电梯故障影响行程）。

其次是过度归因偏差，指在认识到他人的某些显著特征后，错误地将这些特征视为其行为的唯一或主要原因。例如，"李维总不负责，因为他从未为生计所迫而努力工作"，忽视了行为的复杂性及多因素作用。这种单一归因易导致判断失误与理解片面，损害人际交往。

最后是基本归因偏差，即在评价他人时，过于强调人格特质而忽视具体情境的影响。此归因偏差导致我们将他人的行为简单归因于其性格，而非考虑其所处的特定环境。例如，面对迟到，我们可能立即判断对方缺乏责任感，而非考虑是否遭遇了如交通事故等不可预见的情况。

拓展链接

费斯汀格法则

费斯汀格法则，源自美国著名社会心理学家费斯汀格（Festinger）的深刻洞察：生活中的10%由外界事件构成，而余下的90%则全然取决于我们如何应对这些事件。换言之，尽管生活中有10%的变数难以预料与掌控，但高达90%的后续影响却牢牢掌握在我们自己手中。

以卡斯丁的一天为例，清晨，卡斯丁早上起床洗漱时，随手将自己的高档手表放在洗漱台边，妻子怕表被水淋湿了，就随手将其放在餐桌上。不料儿子取食时不慎将手表碰落摔坏。这一突发状况本可平静处理，卡斯丁却选择了愤怒与责备，先是对儿子动手，后又与妻子争执。一气之下卡斯丁早餐也没有吃，直接开车去了公司，快到公司时突然记起忘了拿公文包，又立刻转回家。可是家中没人，妻子上班去了，儿子上学去了，卡斯丁钥匙留在公文包里，他进不了门，只好打电话向妻子要钥匙。妻子慌慌张张地往家赶时，撞翻了路边的水果摊，摊主拉住她不让她走，要她赔偿，她不得不赔了一笔钱才脱身。待拿到公文包后，卡斯丁已迟到了15分钟，挨了上司一顿严厉批评，卡斯丁的心情坏到了极点。下班前又因一件小事，跟同事吵了一架。妻子也因早退被扣除当月全勤奖，儿子这天参加棒球赛，原本夺冠有望，却因心情不好发挥不佳，第一局就被淘汰了。

在这个事例中，突发状况手表摔坏是其中的10%，后面一系列不理智的反应是另外的90%。

试想，若卡斯丁在那一刻能展现出不同的情绪反应，比如温柔地安慰儿子，表示手表损坏无碍，可以修复，这样的正面态度不仅能够安抚孩子和妻子的情绪，更能保持自身心情的平和，从而避免后续一系列不幸的发生。

费斯汀格法则生动诠释了个人态度与行为对日常生活轨迹的巨大影响力。它提醒我们，尽管无法预知或控制生活中的每一个小插曲，但我们完全有能力通过积极的心态和合理的应对方式，主导生活的绝大多数方面，让每一天都充满更多的和谐与可能。

踢猫效应

踢猫效应，是一个心理学概念，深刻地揭示了情绪负面能量的层级传递现象，即个体倾向于将自身的不满与压抑情绪，转嫁至那些在社会地位或力量上相对较弱的个体上，从而引发一连串的不良反应。这一现象犹如一条无形的情绪链条，自社会的较高层级逐级下沉，直至最终触及并伤害到最无力承受的那一环，如图1-5所示。

故事：某日，一位父亲公司受到了老板的批评，满心的委屈与不满无处宣泄。回到家中，他将这股负面情绪倾泻在了正在沙发上嬉戏的孩子身上，一顿无端的责骂让孩子成了无辜的承受者。孩子虽小，却也感受到了强烈的挫败与愤怒，这股情绪随即转化为对身边弱小生命的攻击——他狠狠地踢向了正在一旁打滚的小猫。受惊的小猫慌不择路，逃向了繁忙的街道，恰好此时一辆卡车疾驰而来，司机为了避让，不慎偏离了方向，意外地撞伤了路边的一名无辜孩童。这一幕，正是踢猫效应在现实生活中的生动写照，它警示我们，负面情绪若不得当处理，将会如同多米诺骨牌般，引发一连串不可预见的悲剧性后果。

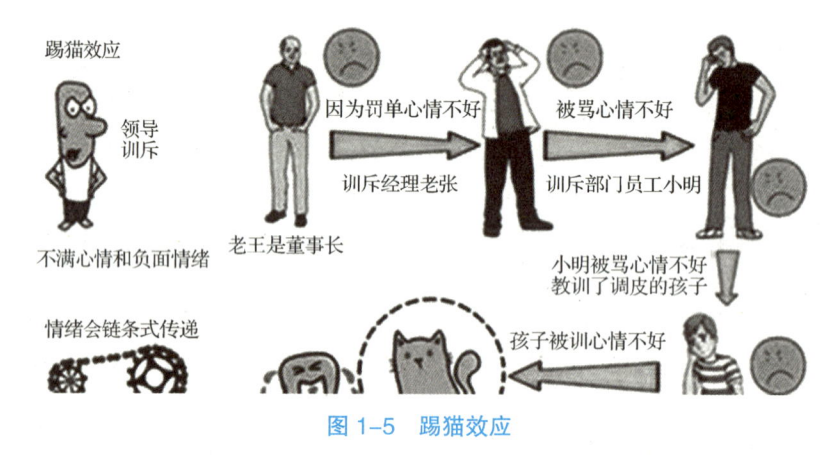

图1-5 踢猫效应

牛刀小试

以下沟通场景我们并不陌生，如何能够让这些沟通变得更加有效呢？请尝试修改销售的应答部分。

顾客：你们卖东西的时候都说得好，哪个卖瓜的不说自己的瓜甜呢？

无效沟通1：如果你这样说，我就没办法了。

无效沟通2：算了吧，反正我说了你又不信。

无效沟通3：沉默不语，继续做自己的事情。

参考答案 1：

先生（女士），您说的情况确实存在，您有这样的顾虑我完全可以理解，不过请您放心，我们店在这个地方开三年多了，我们的生意主要靠像您这样的老顾客支持，所以我们绝对不会拿自己的商业信誉去冒险。我相信我们一定可以通过可靠的产品质量来获得您的信任，这一点我很有信心，因为……

参考答案 2：

我能够理解您的想法，不过请您放心，一是我们的瓜的确很甜，这点我很有信心；而且我是卖瓜的人，并且在这个店卖了很多年的瓜了，如果瓜不甜，您会回来找我的，我何必给自己找麻烦呢，您说是吧？当然，光我这个卖瓜的说瓜甜还不行，您亲自尝一尝就知道了。

跟影视学沟通

扫描二维码，观看视频 1-1，体会沟通失败的无力感。

想一想：该视频有何启发呢？

视频 1-1

游戏互动

目的：培养成员对他人的敏感性，相互沟通，相互接纳。

过程：两人一组，一人自由展示动作，另一人则专注模仿，双方轮流进行，每轮持续两分钟后互换角色。在整个过程中，保持静默，仅通过肢体语言和表情来体会对方的意图与情感。结束后，双方进行交流，分享彼此对对方动作背后意图的理解，检验理解的准确性。然后，两人再次组队，这次是一人按照原话准确复述，另一人则仔细聆听，两分钟后互换角色。复述与聆听结束后，两人深入交流思想，分享在全身心投入观察与理解对方表达过程中的心得体会，以此增进对彼此更深层次的理解。

任务二　尝试有效沟通

尝试有效沟通

工作任务	尝试有效沟通
建议学时	1 学时
教学模式	理实一体化
教学方法	研讨式教学 + 体验练习
教学目标	知识目标：了解沟通的特点、原则、原理、三个循环递进、人际沟通的层次； 能力目标：在沟通实践中积极尝试，能够根据具体情境有效调整、灵活运用； 素质目标：有主动沟通的意识，充分尊重沟通对象； 思政目标：尊重沟通的意愿，建立互助合作共赢的意识

情景导入

人才市场调查揭示了一个重要发现：在成功的要素中，智慧、专业技术和经验仅占

25%，而 75% 则依赖于良好的人际沟通能力。那么，何为有效的人际沟通呢？请扫码观看视频 1-2 以获取更多信息。

有效的沟通，其核心在于精准而恰当地表达自我，从而促使对方欣然接受，并达成既定的沟通目标，这一过程始于明确而清晰的沟通目标设定。随后是深入了解对方需求，以便在恰当的情境下，选用合适的沟通媒介来传递信息。在沟通过程中，得体的语言、恰当的非语言及行为表达至关重要，它们共同助力构建良好的人际关系。同时，及时的反馈与积极的协商也是不可或缺的环节，它们确保了沟通的顺畅与高效。

视频 1-2

知识解码

下面有两种不同方式的书面沟通，你觉得这两封邮件的目标是一致的吗？你更加喜欢哪一种？为什么？

第一封

小王：

　　昨天的电话会议让我尴尬不堪，因为我没有及时了解到 C 公司的最新信息。给你写这封邮件，是为了解决我们之间信息沟通不到位的问题。

　　首先，C 公司认为我需要和你进行更高效的沟通和合作，这样他们就不必把一件事情跟我们重申多次。这种话简直就是奚落，你和我的确应该密切关注他们的情况。

　　其次，我希望是从你而不是客户那儿得到最新信息，每个工作阶段，你都应该及时告诉我实际进展。

——老张

因为中间有其他事情被打断，老张在回来之后没有直接发出第一封邮件，而是考虑了一下重新写了一封邮件。

第二封

嗨，小王：

　　非常感谢你让我参加了昨天的电话会议。会议后，我认为我们应该找到一种方式，确保我们对 C 公司的信息保持及时沟通，以避免未来再出现类似的问题。或许我们可以定期交流进度，以保持信息的同步。关于如何具体执行，你能下午和我讨论一下吗？我相信通过我们的密切合作，我们能够更好地完成工作。

——老张

两种沟通的启发：

在职场中，有效的沟通首先要求关注彼此的共同需求，充分认可并恰当表达对合作者工作的感激之情。以此为基础，双方才能更顺畅地交流讨论，进而达成更优质的共识。若同事间的合作伴随着批评与抱怨，往往会大大削弱沟通的效果，使努力事倍功半。因此，当情绪冲动时，不妨冷静下来，借助书面沟通的方式，以理性和条理清晰的表达来过滤情绪，确保沟通免受过多情感干扰。

一、沟通的特点

1. 媒介依赖性

沟通的信息涵盖了事实、情感、价值观及意见观点等多方面内容，这些信息需借助媒介来传递。媒介形式多样，包括口头语言、书面语言、非语言符号以及电子媒介等。选择合适的媒介对于确保沟通的有效性至关重要。

2. 沟通的双向性

沟通是一个完整的双向过程，它不仅涉及信息的接收，更包括反馈与信息的给予。有效的沟通不仅要求信息能够准确传递，而且需要信息被充分理解和接收。因此，沟通的成功在于双方能够准确地理解信息的含义。

3. 沟通的情绪性

人际沟通的有效性不仅基于单纯的信息交流，更深深根植于情绪情感、态度、思维及观点的复杂交互之中。发送者需秉持客观原则阐述事实，同时清晰区分并传达信息中的主观含义，确保信息的全面与真实。接收者则需要具备综合理解能力，既要把握事实本质，又要洞悉发送者背后的价值观与个人态度，这是实现高效沟通的关键。

此外，情感表达还受到社会文化背景的影响，不同文化背景下的人们在情感表达上存在差异，如跨文化沟通中情感接受度的不同，以及性别在情感表达上的差异等。例如，女性相较于男性，更倾向于分享个人感受，其面部表情更为丰富多样，且更擅长表达社会普遍认可的情感。同时，女性也展现出更高的情绪表达频率，如笑与哭的倾向性均高于男性。相比之下，男性在开放表达自身情感方面往往受到更多社会限制与鼓励缺失。

小贴士 有效表达情感的步骤

（1）了解和接纳自己的感受：
⊙ 有什么感受需要表达？
⊙ 如何实现自己的沟通目标。
（2）尝试描述自己的感受：
⊙ 用具体的情感词汇来表达描述感受；
⊙ 探索这种感受背后的原因；
⊙ 尝试描述复杂情感；
⊙ 对自己的情感负责；
⊙ 说出自己的情感需要。

二、有效沟通遵循四原则

1. 准确性原则

确保表达清晰无误，使接收者能够准确无误地理解传递的意图和信息。

2. 完整性原则

在沟通中，应确保所表达的内容全面且完整，不遗漏关键信息，以便接收者能够形成全面的理解和判断。

3. 及时性原则

沟通应当迅速、快捷且不失时机，以便及时解决问题、交流信息或达成共识，避免因延误而产生的误解或不良后果。

4. 策略性原则

在沟通过程中，要注重表达的态度、技巧及其最终效果。这包括根据沟通对象、情境和目标，灵活调整沟通方式，采用合适的语言、语气和表达方式，以达到最佳的沟通效果。

三、相互作用的沟通三原理

1. 所有沟通者的参与是连续和同步的

在沟通过程中，所有参与者的活动都是连续且同步进行的。无论你是否通过语言表达，你都在积极地参与信息的发送与接收，这种互动是即时且不间断的。

2. 所有的沟通都有过去、现在和未来

所有的沟通都蕴含了过去、现在与未来的元素。例如，在表达"我喜欢你做的晚餐，希望将来再次品尝"时，不仅是对当前感受的肯定，也寄托了对未来再次相聚的期许。这种时间上的跨越丰富了沟通的内涵。

3. 所有的沟通者都扮演"角色"

在沟通情境中，每个人都扮演着特定的角色，这些角色可能由个人关系或社会规范所定义，如图1-6所示。然而，不同人对同一角色的理解可能存在差异，这种差异直接影响到他们的沟通方式和效果。值得注意的是，角色并非固定不变，它们会随着沟通对象、情绪变化、环境因素及外界噪音等条件而动态调整。因此，从词语选择到肢体语言，我们的沟通行为无时无刻不在受到"角色"这一社会与个人交织的框架的控制与影响。

(a) 职业角色沟通 　　　　(b) 家庭角色沟通

图1-6　角色沟通

四、沟通的三个核心环节

人际沟通通过"说"（表达）、"听"（倾听）与"问"（反馈）这三个环节，如图1-7所示，循环往复，不断深化与递进。

1. "说"

在"说"的阶段，我们需要注意选择合适的说话对象、方式，同时把握恰当的时机和情境，运用丰富且生动的语言来传达信息。

2. "听"

"听"不仅是接收声音，更是一个综合性的过程。它涉及思考、吸收信息和理解，并能做出必要的反馈。倾听的内容不仅包括语言，还包括手势和面部表情等非语言信息。作为获取信息的重要途径，倾听还体现了对他人表达的尊重和鼓励。

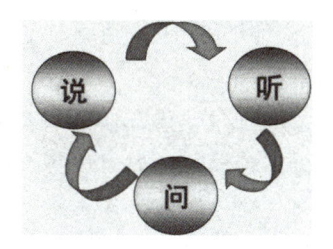

图 1-7 沟通核心环节

3. "问"

在沟通中，有效的提问有助于维持良好的关系，并从回答者那里获得更充分和完整的信息，从而更好地理解回答者的实际需求。

人际沟通是一个持续变化和循环的过程。在这个过程中，每个人都可以同时扮演说话者、倾听者、提问者的角色，并且既是行动的发起者也是反馈的提供者。

五、沟通中的非语言内容

在人际沟通中，非语言行为扮演着至关重要的角色。以下是一些有助于提升个人魅力的非语言行为，以及可能损害个人形象的非语言行为。

1. 有助于增加人际魅力的非语言行为

（1）姿势符合相应的情境：恰当的姿势能够立即营造出与当前情境相符的氛围，无论是正式会议中的挺拔坐姿，还是朋友聚会中的轻松站姿，都能让人感受到你的专业与亲和力。

（2）点头、微笑、身体前倾专注的面部表情和姿态：这些细微的动作如同无声的邀请，传递出你的关注、尊重与兴趣。它们使对方感受到被重视，从而更愿意与你深入交流。

（3）适度的目光接触：适当的眼神交流可以显示你对谈话的投入，并建立信任感。

（4）语速适中，注意抑扬顿挫：清晰的语速和语调变化可以使你的话更加生动有趣，易于理解。

（5）身体保持适度的距离，做好体味的自我管理（烟味、洋葱味、蒜味）：保持适度的身体距离，既不过于疏远显得冷漠，也不过于接近引起不适。同时，注意个人卫生的维护，避免不良体味影响他人感受。

（6）根据场合选择合适的着装：穿着得体不仅能够展现你的专业素养或个性魅力，还能表达你对活动的重视与尊重。

2. 可能损害形象的非语言行为

（1）不顾他人说话内容，敷衍点头，身体过度侵入他人空间：这种行为让对方感到被忽视或侵犯，严重影响沟通氛围。

（2）过分夸张的表情，缺乏真实和真诚：过分夸张的表情可能显得不真实、不自然，甚至引起反感。缺乏真实和真诚的表情则难以建立信任。

（3）眼神接触过度频繁：过多的眼神接触可能会使他人感到不舒服或威胁。

（4）听他人讲话缺乏反应或者心不在焉：会让对方感到自己不被重视，从而降低沟通的积极性。

（5）语调与谈话内容不相适应：如果你的语调与你所传达的信息不一致，可能会导致混淆或误解，如用欢快的语调谈论悲伤的事情，会显得不尊重或缺乏同理心。

（6）过度使用香水：强烈的香味可能会干扰对话，甚至引起他人的不适。

（7）着装不舒适或不符合场合过分惹眼：不恰当的着装可能会分散他人的注意力，或给人留下不专业的印象。

小贴士　如何有效地道歉

在人际沟通中，我们难免会说错话或做出不当的行为。鉴于信息交流一旦发出便无法撤回的特性，寻找解决这种沟通问题的方法显得尤为重要。而其中最有效的途径便是及时且真诚地请求原谅和道歉，以此维护并促进双方的沟通关系。这种道歉行为，实际上成为人际沟通中不可或缺的补救措施，它能够减轻因我们错误言论或行为给对方带来的负面影响。一个有效的道歉，应当包含以下几个核心要点：

⊙ 明确承担责任；
⊙ 具体指出错误内容；
⊙ 表达悔意与内疚；
⊙ 诚恳提出改正与补偿；
⊙ 防止再犯并郑重承诺。

六、人际沟通的层次

在人际沟通中，根据交流的深度和目的不同，可以将沟通分为五个层次：一般性沟通、事务性沟通、分享型沟通、情感性沟通和共情性沟通。这些层次逐步深入，反映了交流双方关系的发展和个人投入的程度。每个层次的沟通都有其特定的特征和内容，如表1-2所示。

表1-2　不同沟通层级的特征和内容

沟通层级	特征	内容举例
一般性沟通	基础社交互动，低个人投入	问候、日常寒暄（如"早上好""天气不错"）
事务性沟通	具体事务处理，客观交流	工作指示、作业讨论、家庭责任分配
分享型沟通	个人想法和经验分享，建立信任	兴趣爱好、生活经历、观点立场分享
情感性沟通	涉及情感交流，寻求情感支持	表达情绪、感受交流（如喜怒哀乐）
共情性沟通	深度情感共鸣，高度信任和亲密度	从对方角度体验和感受情感，深层次的理解和支持

1. 一般性沟通

这是最基础的沟通层次，通常涉及简单的问候和日常寒暄，如"早上好"或"今天天气不错"。这种沟通不需要深入的个人投入，主要是为了维持基本的社交礼节。

2. 事务性沟通

这一层次的沟通关注于具体事务和信息的交换，例如，工作指示、学校作业或家庭责任分配。它比一般性沟通更具体，但仍然保持一定的客观性和正式性。

3. 分享型沟通

在这个层次上，人们开始分享个人的想法、意见和经验。这种沟通涉及更多的个人信息和感受，比如讨论兴趣爱好、生活经历或观点立场。这显示了一定程度的信任和愿意开放自己。

4. 情感性沟通

此层次的沟通涉及情感的交流，包括表达喜怒哀乐等情绪。这种沟通需要较高的信任度和亲密度，因为它涉及展示自己的脆弱性，并寻求情感上的支持和理解。

5. 共情性沟通

这是人际沟通中最深层次的一种形式，要求个体不仅分享和理解情感，还能够从对方的角度体验和感受情感。这种沟通建立在高度的信任和深刻的共鸣基础上，是人际关系中最为紧密和深入的交流形式。

小贴士 如何修复受损的职场关系

在职场中，逃避和忽视紧张关系可能暂时让人感到轻松，但为了长期的合作与团队和谐，解决这些问题是必不可少的。处理工作中的摩擦是避免不了的任务，尤其是当任何不满的上司、同事、下属或客户都可能成为工作进展的障碍时。以下是一些修复受损职场关系的建议。

（1）表达重新开始的意愿：对于无法改变的事实，您可以表达愿意翻开新的一页。例如："我对过去我们之间发生的问题感到非常遗憾。我们现在能否一起探索如何使未来的合作更加顺畅？"

（2）承认错误并承担责任：回顾并反思之前的问题所在，可能是过于强势、干预过多，或是过于苛刻、缺乏沟通。勇于认错并准备承担相应责任，这不仅能修复关系，而且能带来新的希望。

（3）改变沟通方式：如果不能改变别人，那么可以尝试调整自己的言行。例如，改进沟通方式、确保清晰表达您的理解、全力以赴地倾听对方的观点，以及更有效地管理未来的冲突。

名人屋 跟名人学沟通

彼得德鲁克：

一个人必须知道该说什么。

一个人必须知道什么时候说。

一个人必须知道对谁说。

一个人必须知道怎么说。

小故事大道理

解决问题的关键往往在于你如何有效应对他人的挑战与需求。

2020年，华为仅凭一封精心构撰的邮件，便成功赢得了"得到"的青睐，促使罗振宇决定将多年合作伙伴阿里云替换为华为云，并授予了价值数千万元的订单。这封邮件中蕴含了四个核心沟通要点，精准地触达了对方的关键诉求，从而顺利促成了合作。

（1）定制化服务展示：我们为"得到"的企业知识服务精心挑选了一位优质客户，一旦"得到"同意，我们立即能够签署价值500万元的合作订单，彰显出我们对合作的诚意与准备。

（2）减轻对方压力：我们明确告知，"得到"是否选择华为云作为数据服务商，并不会对我们的合作产生任何负面影响，旨在消除对方的顾虑，营造轻松的沟通氛围。

（3）高层支持与资源倾斜：强调华为云的高层，包括总裁与副总裁，均为"得到"的忠实用户，他们高度关注并全力支持华为云与"得到"的合作发展。一旦合作达成，华为将不遗余力地投入最优资源，确保合作成功。

（4）持续沟通的决心：我们表达了对合作坚定不移的信念，即使面对多次拒绝，也绝不轻言放弃。我们承诺将持续沟通，直至赢得"得到"的信任，因为我们深信华为云是"得到"的最佳选择。

这封邮件深刻揭示了职场沟通中的一个重要原则：当面对困境时，人们往往过于聚焦于自身的难题，而忽略了解决问题的真正途径——即如何有效地解决或协助解决他人的问题。华为正是通过精准识别并满足"得到"的需求，展现了其卓越的问题解决能力，从而赢得了合作机会。

拓展链接

有效沟通需要具备"五心"

尊重之心　马斯洛的需求层次理论深刻揭示了人类内心的渴望，从基本的生理与安全需求，到更高层次的爱与归属感、尊重，直至自我实现。其中，尊重的需要尤为关键。在沟通中，我们应以尊重之心待人，因为每个人都渴望被认可与尊重。唯有如此，才能构建起持久而稳固的人际关系，为有效沟通奠定坚实的基础。

真诚之心　用真诚赢得人际关系，做事有诚心，相处有诚意，创造一种和谐的人际沟通氛围。

认同之心　有效沟通需要学会换位思考和角色转换，不妨换个角度来思考：如果我是对方，我希望得到什么样的态度和待遇。在沟通中不妨结合黄金法则和白金法则，你希望别人怎样对待你，你就怎样对待他（黄金法则）；别人希望你怎样对待他，你就怎样对待他（白金法则）。

欣赏之心　　有效沟通需要学习欣赏和恰当地赞美对方。恰如其分的真诚赞美往往会让沟通和谐顺畅。

分享之心　　分享是一种美德，也是一种智慧。在沟通中，我们应乐于分享自己的经验、知识和目标等有价值的信息。同时，也要学会倾听和接纳他人的分享。通过分享，我们可以增进彼此的了解和信任，使沟通变得更加有效和轻松。当我们以开放的心态去分享时，会发现沟通的世界变得更加宽广和美好。

牛刀小试

1. 炎热的夏天，寝室的空调坏了。后勤维修人员一直没空，不确定什么时候可以来维修，而眼前将近期末，你需要完成很多重要的作业，时间很紧张。你该怎么办？

2. 一个新客户从很远的地方来你的公司签订销售合同，已经按照你的定位即将到达你所在的公司大楼。他在路上打电话向你询问怎样才能进入你的公司。你整理了一下思绪，准备告诉他从他所在的方位如何才能达到你的公司。你需要告诉他哪些必要的信息呢？思考一下，模拟写一个清单来指导你的客户顺利抵达公司。

跟影视学沟通

扫描二维码，观看视频 1-3，体会有效沟通的过程和要素。

想一想：该视频有何启发呢？

视频 1-3

游戏互动

两人一组，进行一个简单的交谈，内容不限，时间为 2～3 分钟。交谈后，相互交流在刚才的交谈中发现对方有哪些非语言的表现。我们常会无意识地做一些动作，如不停地摇摆手中的笔，或者喜欢边说话边轻敲手指。

当大家都说完后，我们意识到自己常常无意识地做这些动作。然后请大家再继续交谈 2～3 分钟，但要提前说明此次大家必须十分注意，不要有任何肢体语言。

第一次交谈时，我们是否意识到自己的肢体动作？

你们有没有发现对方有什么令人不快或心烦意乱的动作或姿势？当我们被迫在交谈时不使用任何肢体动作时，有什么感觉？不做动作的交流沟通是否和先前一样顺利、有效？

肢体语言能有效地加强或削弱说话者的意思，甚至还能表达出与说话者的语言意思相反的信息。

沟通能力测试

你的人际关系对你有什么帮助？

可以选择友情、爱情、家庭或工作关系中的某一类来回答以下问题，看看你的人际关系到底有什么功能。每项总分为 10 分，1 分表示你的人际关系从来没有该项功能，10 分表示你的人际关系始终具备该项功能。处于两者之间的分数表示这项功能发挥的程度。

1. 我的人际关系有助于减轻孤独感。
2. 我的人际关系带给我不适的压力，暴露了我的脆弱。
3. 我的人际关系使我获得思维上、生理上、心理上的激励。
4. 我的人际关系增加了我的责任。
5. 我的人际关系有助于增强自知和自尊。
6. 我的人际关系妨碍我发展其他关系。
7. 我的人际关系有助于增强我的生理和心理健康。
8. 我的人际关系使我害怕，因为有的关系难以结束。
9. 我的人际关系让我倍感欢愉，消减痛苦。
10. 我的人际关系让我感到受伤。

你做得怎样？当你用 1 到 10 的数字回答这些问题时，你会了解自己在人际关系中的优缺点。

1、3、5、7、9 显示人际关系中的优点。

2、4、6、8、10 显示人际关系中的缺点。

任务三　感受沟通魅力

工作任务	感受沟通魅力
建议学时	1 学时
教学模式	理实一体化
教学方法	研讨式教学 + 案例分享
教学目标	知识目标：了解沟通的作用、过程及影响因素，把握沟通的语境等； 能力目标：在沟通中思路清晰，根据不同的目的和语境进行有效沟通； 素质目标：能够主动察觉和了解沟通对象状态，能够尊重沟通对象； 思政目标：兼具开放和谨慎，尊重习俗和界限，保持恰当的沟通立场

情景导入

良好的人际沟通具有怎样的魅力，如何发挥作用呢？扫描二维码，观看视频 1-4，思考这场沟通中包含了哪些关键元素？一场成功的沟通需要满足哪些条件？

在视频 1-4 中，沟通的主导者通过营造家庭式的氛围，运用语言和

视频 1-4

非语言手段，及时解决了家庭成员之间的矛盾，强化了相互间的信任和体贴，达成了共同的目标。

人际沟通是我们日常不可或缺的一部分，无论是拜访新朋友或新客户、与爱人约会、与同事交流、赞美和回应他人的赞美、维护和修复关系、结束一段关系、求职、辅导、说服他人、谈判等，良好的沟通能力都与我们在学业和职业上的成功密切相关。沟通能力的高低往往直接影响到我们的学业成就和职业发展好坏。那么，我们通常会遇到哪些沟通障碍呢？让我们一起深入探索沟通的世界，学习如何更有效地与他人沟通。

人际沟通不仅是一门实用的艺术，也是个人生活、社会生活和职业生涯顺利与成功的关键。例如，一项成人调查显示，53%的受访者认为沟通不畅是婚姻失败的主要原因，这一比例远高于金钱问题（38%）和家庭干扰（14%）。此外，《华尔街日报》曾在2013年的文章中提到，"人际交流技能"是影响招聘决策最重要的因素之一，占89%的比重，远超对核心课程内容的掌握（34%）和为招聘所投入的资金（33%）。无数研究也表明，人际沟通能力是职业成功的重要因素。无论是为金融专业人士提供职业优势，还是在预防职场冲突、减少医疗事故、改善医患关系方面，有效的人际沟通都扮演着关键角色。无论你的职业目标是什么，良好的沟通能力都会助你成为人际关系中更高效的合作伙伴，实现更大的职业成功。

知识解码

人们是如何在互动中实现沟通的，又是怎样处理信息的？常言道，"听话听音，话外有音"，沟通不仅是信息的交换，更是持续的互动过程。随着对沟通机制理解的加深，我们能更好地把握其效果。下面，让我们一起深入探讨沟通的艺术，并体验其魅力。

马赫和菲乐普曾是同窗，毕业后便各奔东西。一个周末的下午，他们推着婴儿车在公园偶遇，惊喜地认出了对方。他们互相打量，形成了初步印象：马赫注意到菲乐普身材消瘦、衣着整洁，但发际线明显后移；而菲乐普则留意到马赫的婴儿车是高档品牌，自己买不起的那种。随后，他们开始交流毕业后的经历，这在美国文化中是男性相互评价的一种方式。马赫是一家知名广告公司的代理商，而菲乐普经营一家便利店。显然，马赫拥有更高的社会地位，并且头发浓密。他们接着谈论各自的家庭情况，菲乐普娶到了高中时的美女，而马赫已经离婚，仅在周末享有孩子的短暂监护权。交谈片刻后，他们各自离开，心知今后不太可能再聚。

尽管对话不多，他们的交流涵盖了各种信息：外貌、穿着、所拥有的物品等。这次沟通建立在过往关系的基础上，唤起了一些高中时期的态度和情感。短暂的相遇和交谈展示了沟通是一个不断变化的过程，从初步印象到深入了解彼此的家庭和工作信息，谈话逐渐深入。随着时间的推移，他们意识到由于生活和工作经历的差异，彼此不可能成为更亲密的朋友。

从上述分析可以看出，人际沟通是基于至少两个人之间的互动，涉及沟通的发起者和回应者，共同构成了一个沟通交流的过程，如图1-8所示。

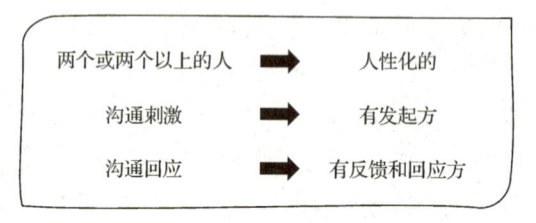

图 1-8　沟通交流过程

一、人际沟通的作用

在社会交往中，简单的沟通如同桥梁，让双方建立起基本的联系，并促进情感层面的交流与共鸣，如图 1-9 所示。这种交流不仅加深了彼此之间的纽带，还使得情感得以在双方之间流淌。

图 1-9　沟通交流

同时，沟通本身往往承载着明确的目的性。人们会根据各自不同的需求与目标，选择恰当的沟通方式和内容来进行互动。沟通的方式因需求而异，灵活多样，以满足不同场景下的交流需求。常见的沟通目的包括：纯生理需要、认同需要、社会交往需要、实际需要，如图 1-10 所示。

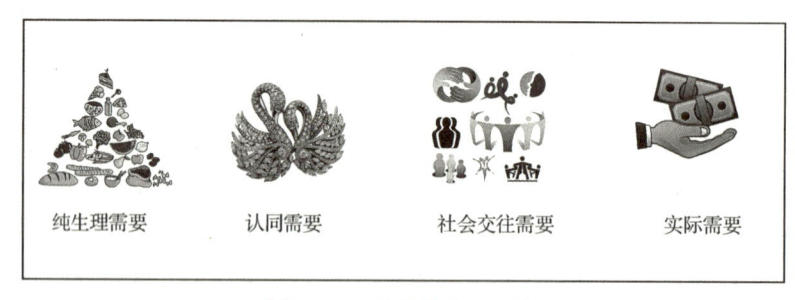

图 1-10　常见的沟通目的

二、沟通过程及影响因素

1. 沟通的过程

沟通的过程是一个涉及信息整理与编码、信息传递通道、解码与理解、噪音干扰、反馈确认等环节的复杂系统，如图 1-11 所示。

⊙ 信息整理与编码：发送者将想法转化为可传递信号。

- 信息传递通道：选择适当的方式（语言、文字、肢体语言等）传递信息。
- 解码与理解：接收者还原信号，理解发送者原意。
- 噪音干扰：外部环境和个体差异带来的沟通障碍。
- 反馈确认：通过反馈机制确保信息准确传达和理解。
- 共同参与努力：双方共同努力，克服噪音，实现有效沟通。

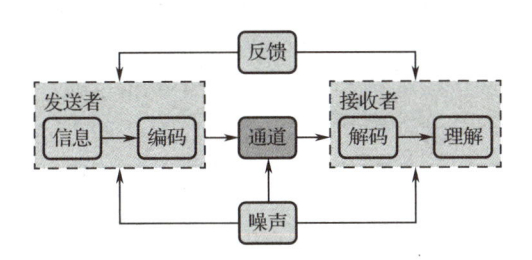

图 1-11　沟通的过程

2. 沟通环节和影响因素

沟通是一个复杂的过程，它包括多个环节，每个环节都受到不同因素的影响。从沟通的基本过程出发，我们可以识别出几个关键的沟通环节，包括传送者与接收者、编码与解码、传送器与接收器、通道、噪音以及反馈。这些环节共同构成了沟通的框架，而每个环节的效率和效果则受到各种内外部因素的影响，各环节具体内容与影响因素如表 1-3 所示。

表 1-3　沟通环节和影响因素

沟通环节	具体内容	影响因素
传送者与接收者	信息的发出者和接收者	两者的认知水平、价值观等差异影响沟通的顺畅及准确性
个人经验、情绪状态、认知偏差、文化背景、社会地位、角色期望	编码要把传送的信息转化为语言、文字等的表达形式。解码是将接收到的信息进行分析、判断	传送者的思想、观点和情感与接受者差别越大，沟通的准确度越差
编码与解码	将信息转换为可传输信号，再还原为理解的信息	语言能力、情境适宜性、预设态度、信任水平
传送器与接收器	信息的传递和接收设备或方式	技术媒介、时间压力、物理环境
通道	信息传递的路径或媒介	通道的选择（面对面、电话、电子邮件等）、通道的质量
噪音	干扰信息传递的任何外部或内部因素	外部环境干扰（如噪音）、心理干扰（如预设观念）、社会文化差异、群体规范
反馈	接收者的回应，确认信息是否被正确理解	反馈的及时性、清晰性、接收者的解码能力、发送者的编码能力

3. 沟通的语境

传播活动总是在特定的语境中展开，这一环境深刻影响着信息的内容与呈现形式。例如，背景音乐这一看似自然且常被忽视的语境元素，实则具有潜在的侵入性，能够显著地引导、抑制或激发人们在葬礼、足球场、宴会、音乐会等不同场合下的交流方式。具体而言，影响人际沟通的语境可细分为以下四种。

（1）物理语境：这指的是沟通发生的有形和实际环境，包括空间的大小、温度、参与人数，以及新闻和故事在版面或段落中的位置。

（2）时间语境：涉及一天中的特定时刻或历史中的特定时期，还包括特定信息在整个活动中的顺序。例如，在朋友刚刚告知大家他的病情后立即讲述一个有关疾病的笑话，与在听了一连串类似笑话后再讲这个笑话，对接收者而言，其感受是截然不同的。

（3）社会心理语境：涵盖了参与者之间的地位关系、角色、团体和组织归属及场合的庄重程度等因素。

（4）文化语境：来自不同文化背景的人在沟通时，由于遵守不同的沟通规则，某些在一种文化环境中被视为恰当的沟通技巧和策略，可能会在另一种文化中引起不适甚至冒犯。特别是在跨文化传播中，我们可能错过的信息（约50%）比在同文化传播中（约25%）要多出一倍。

三、提升沟通的效能

1. 沟通时需要明晰的问题

⊙ 有没有清楚的沟通目标？

⊙ 我表达清楚了吗？

⊙ 对方听明白了吗？

⊙ 有一个表达误区：我说清楚了，你没有明白，是你的责任。表达方有责任让听者听明白，并用听者能够明白、容易理解的语言帮助对方听明白。

2. 有效地确认沟通效果

⊙ 在沟通开始前，提醒对方如果在过程中有任何不明白的地方可以随时提问。

⊙ 沟通过程中，主动询问对方是否清楚自己的表述，并邀请其提出任何疑问或需要进一步澄清的点。

⊙ 在沟通结束前，对关键信息进行复述，以确保对方正确理解了这些信息。

3. 跨文化沟通

跨文化沟通是指持有不同的文化信念、价值观的人们之间的沟通。

人际沟通的能力是有文化特殊性的，针对不同的文化，需要了解不同的人际沟通的方式，了解不同文化对人际沟通方式的影响，不可避免的，文化背景的不同会影响日常人际沟通的方方面面，如文化会影响人们的说话内容，影响与他人交谈的方式，影响对群体和个人利益的判定，影响话题和沟通策略及如何利用媒介等。

因此进行跨文化沟通首先需要了解不同文化的差异。目前常用的根据不同划分依据划分的文化类别及特点如表1-4所示。

表 1-4　文化类别及特点

划分依据	类　　别	特　　点
权利归属的不同	高等级文化	权力集中在少数人手里； 尊重权威，都想成为权威人士； 婚姻、友情只能在相同等级里发生； 师生之间有等级差异，学生需要对教师充满敬意
	低等级文化	权力更均衡地分布； 不追求权威，认为权力应该受到限制； 师生平等，共同讨论，学生可以挑战教师
对社会成员工作和生活态度要求的不同	阳性文化	男性主导，以成功、强壮为追求，女性应温柔、谦虚、顾家； 强调成功，要有进取心； 以竞争、斗争的方式面对问题和冲突
	阴性文化	男女均要谦虚、温和； 强调生活质量； 强调亲密的人际关系； 以协商、折中的方式来解决冲突，喜欢双赢； 失望感比较低
对确定性需求的不同	模糊倾向文化	不会对未知的情况感到害怕，坦然接受不确定事情的发生； 对于模糊性和不确定性能应对自如； 极少重视那些支配传播活动和人际关系的规则； 对不遵守大众规则的人会很宽容，甚至可能会鼓励去采取不同的方式和视角解决问题
	明确倾向文化	避免不确定性，对未知感到极大的焦虑； 把不确定性视为威胁，认为不确定性应该消除； 交流中有很多明确的、不容动摇的原则
倡导价值观的不同	个体倾向文化	看重个人价值观，如权力、成就、享乐主义和感官刺激等； 喜欢清晰的、直接的交流方式； 主要对自己和可能即将组建的家庭负责； 成功的标准是多大程度上超越了你的同伴； 对自己的良知负责，职责更多的是个人的事情
	群体倾向文化	重视群体价值观，如善行、传统和服从等； 喜欢留面子，避免伤害他人或给人负面评价； 对整个组织负责； 成功的标准是你对整个组织的贡献； 对社会组织的规则负责，成功和失败责任由组织所有的成员承担

面对越来越频繁的国际交流，我们需要增强文化的包容性，提升有效的沟通技能，比如尝试学习其他的文化，认识自己与来自其他文化国家的人的区别，并针对差异做出应对。我们需要尊重不同的文化价值观和信念。比如一个低等级文化国家的人邀请一位受高等级文化影响的同事吃饭，被邀请者礼貌地拒绝了，邀请者会觉得不开心，认为这个同事不太友好。而被邀请的人也会感到没有被尊重，认为邀请者的邀请不太真诚。因为受高等级文化影响的人认为邀请数次才是诚心，只邀请一次则不是真诚的。

同样的词汇在不同文化背景下可能有完全不同的含义，所以在跨文化沟通中我们需要了解他人的文化规则和习惯，准确理解对方的语言和非语言信息——两个人共享同样的信号系统。人际沟通要学习他人怎样使用信号，理解其信号的意思，并且共享自己的信号系统，以便彼此能更好地相互理解。我们需要敏锐地觉察每种文化中特定的交流规则和交流习惯。比如在印度尼西亚，一位年轻人跟一位年长的人谈话，需要避免眼神交流，否则会被认为是无礼的。所有的传播活动都有不确定性和模糊性，但我们可以通过积极倾听、认知检验、明确目标、寻求反馈等来减少沟通中的不确定。

此外，我们还需要留意文化优越感对沟通产生的负面影响。文化优越感是一种倾向，认为自己民族文化的价值观、信念、行为方式，比其他文化更积极、更符合逻辑、更自然。积极的一面是有助于增强个人的国家荣誉感，但是也会让你在和那些来自不同文化的人交流时出现障碍。

小故事大道理

卡耐基的一位在纽约的朋友——艾尼丝·肯特太太，准备聘用一位女佣，并要求她下星期一开始工作。在此期间，她决定给女佣的前任雇主打电话，以了解一些关于女佣的个人情况。然而，她得到的反馈是对女佣的评价负面居多。

女佣上任的第一天，艾尼丝直接告诉她："莉莉，几天前我联系了你的前任雇主，她告诉我你是一个非常可靠和诚实的人，厨艺出色，对孩子们也非常细心。但她也提到，你不擅长理家，有时会让房间显得不够整洁。不过，我觉得她的话可能并不全对，因为从你的穿着来看，你似乎非常注重整洁。我相信，如果你能将这种习惯应用到家务上，我们的家一定会井井有条，我们之间的关系也会非常愉快。"

结果，她们的相处确实非常愉快。女佣不仅把家里打扫得干干净净，而且工作勤奋，宁愿加班也不愿留下未完成的工作。肯特太太看在眼里，心中特别满意。

故事的启发——语言的选择极大地影响一个人的自我认知。因此，在使用语言时，我们应该考虑到其道德影响力。我们所做的选择不仅展示了我们向他人呈现自己的方式，而且还塑造了未来几年中我们与他人的关系。因此，明智而恰当地选择言辞非常重要。黄金法则是：在说话之前，问问自己，如果别人对你说了同样的话，你会有怎样的感受？

拓展链接

霍桑实验

美国研究者最初在芝加哥的霍桑电气公司进行了一系列实验，旨在探究工作条件与生产效率之间的关联。这些条件包括外部环境因素（如照明强度和湿度）及心理因素（如休息间隔、团队压力、工作时间和管理者的领导风格）。然而，实验的初期阶段并未达到预期效果。

进入第二阶段，研究者改变监督与控制的策略，发现这能显著改善人际关系和工作态度，并有效提升产量。在第三阶段的深入访谈中，研究者注意到，当管理者能够耐心倾听工人的意见和抱怨，对他们展现出更多的热情和关心，重视人的因素时，即使其他工作条件和薪酬未发生变化，工作效率仍有显著提高。这一现象后来被称为"霍桑效应"。

对"霍桑效应"的成因进行深入分析，一方面，受到关注使个体感受到自己被重视，从而增强了自我认同感和归属感，激发了员工的工作动力。另一方面，良好的成员间关系和通过访谈计划为工人提供的宣泄不满的机会，大大提升了士气和人际关系，这也间接地提高了生产效率。

牛刀小试

在一般事务性沟通中如何清楚阐述一个内容？

请按照样例把相关内容填入表1-5：

样例：张小姐，请你将这份调查报告复印2份，于下班前送到总经理室交给总经理；请留意复印的质量，总经理要带给客户参考。

表1-5 相关内容

执行者	做什么	怎么做	时间	地点	数量	为什么

跟影视学沟通

扫描二维码，观看视频1-5，体会非语言沟通的过程。

视频1-5

想一想：苏明哲和苏大强替苏明成去给人道歉，为什么效果截然相反？问题出在什么地方？

抢答闯关

测试1：阅读下面的情境性问题，选择出你认为最合适的处理方法，请尽快回答。

1. 你上司的上司邀请你共进午餐，回到办公室，发现你的上司颇为好奇，此时你会_____。

　　A. 告诉他详细内容

　　B. 不透漏蛛丝马迹

　　C. 粗略描述，淡化内容的重要性

2. 当你主持会议时，有一位下属一直以不相干的问题干扰会议，此时你会_____。

　　A. 要求所有的下属先别提问题，直到你把正题讲完

　　B. 纵容下去

C. 告诉该下属在预定的议程之前先别提出别的问题

3. 当你跟上司正在讨论事情时,有人打电话来找你,此时你会_____。

A. 不接电话

B. 接电话,而且该说多久就说多久

C. 接电话告诉对方你在开会,待会儿再回电话

4. 有位员工连续四次在周五下午向你请示他想提前下班,此时你会说_____。

A. 我不能再容许你早退了,你要顾及他人的想法

B. 今天不行,下午四点我要召集大家开个会

C. 你对我们相当重要,我需要你的帮助特别是在一周快要结束的时候

5. 你刚好被评为某部门主管,你知道还有几个人关注着这个职位,上班的第一天,你会_____。

A. 找个别人谈话以确认哪几个人有意竞争该职位

B. 忽略这个问题,并认为情绪的波动很快会过去

C. 把问题记在心上,同时立即投入工作,并开始认识每个人

6. 有位下属对你说:"有件事我本不应该告诉你的,但你有没有听到……"你会说_____。

A. 我不想听办公室的流言

B. 跟公司有关的事我才有兴趣听

C. 谢谢你告诉我怎么回事,让我知道详情

正确答案:1. C 2. C 3. C 4. C 5. C 6. B

回答正确得1分,错误得0分。总得分0~2分之间表明你的沟通能力较低,得分在3~4分之间为中等,得分在5~6分之间为较高。分数越高,表明你的沟通技能越好。[1]

测试2:你怎样看待人际沟通?

下列每条陈述,你认为正确的,请标注"T",不正确的,请标注"F"。

1. 好的沟通者是天生的,不是后天形成的。(   )

2. 你交流得越多,你在这方面将表现得越好。(   )

3. 在人际沟通过程中应该遵守的原则是:尽量让自己表现得开放、热情、积极提供帮助和支持。(   )

4. 当和来自不同文化背景的人进行沟通时,应该忽视彼此之间的差异,要像对待自己文化背景相同的人一样去对待对方。(   )

5. 害怕去认识新人的行为是有害的,应该放弃这种行为和想法。(   )

6. 当冲突出现时,意味着你们的关系陷入了困境。(   )

---

[1] 综合参考许岸高的《有效沟通与解决冲突》,北京:中国商业出版社,2014年5月第1版。

沟通能力测试

下面18个问题表明了你对自己文化的信念。请用1～5这五个数字来表明你对该陈述的同意度。其中5=强烈同意,4=同意,3=不同意也不赞成,2=不同意,1=强烈不同意。

1. 大多数文化都比我所在的文化落后。
2. 我的文化是其他文化的楷模。
3. 其他文化的生活方式和我们的一样合理。
4. 其他文化应该尽量和我们的一样合理。
5. 我对其他文化的价值观和习惯不感兴趣。
6. 我的文化里的人可以从其他文化里的人那里学到很多。
7. 其他文化里的大多数人并不知道什么是对他们有益的。
8. 我不太尊重其他文化的价值观和习惯。
9. 如果其他文化里的人像我们一样生活,他们会快乐得多。
10. 我所在文化的生活方式是最好的。
11. 其他文化的生活方式没有我们这么合理。
12. 我对其他文化的价值观和习惯非常感兴趣。
13. 我尊重其他文化的价值观和习惯。
14. 我不会和不同文化价值观的人合作。
15. 我不信任不同文化价值观的人。
16. 我不喜欢和不同文化价值观的人们交往。
17. 其他文化尊重我们的文化是明智的。
18. 当其他文化的人进入我们的文化时,通常变得很奇怪,不正常。[1]

---

[1] 综合参考美国约瑟夫·A·德维托的《最有效的沟通》,北京:中国人民大学出版社,2014年6月第1版。

训练单元二　沟是为了通

单元学习思维导图

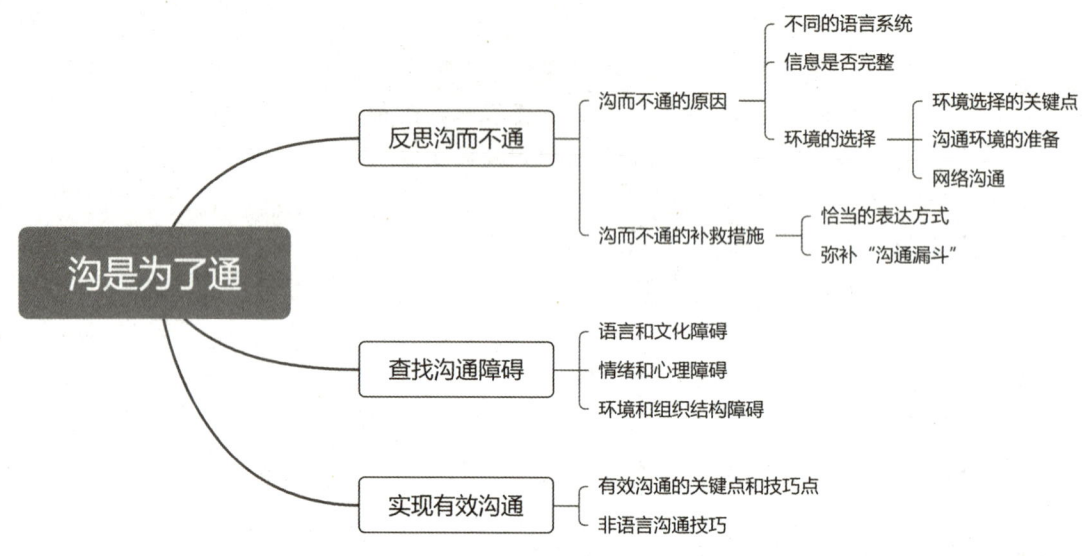

```
沟是为了通
├── 反思沟而不通
│   ├── 沟而不通的原因
│   │   ├── 不同的语言系统
│   │   ├── 信息是否完整
│   │   └── 环境的选择
│   │       ├── 环境选择的关键点
│   │       ├── 沟通环境的准备
│   │       └── 网络沟通
│   └── 沟而不通的补救措施
│       ├── 恰当的表达方式
│       └── 弥补"沟通漏斗"
├── 查找沟通障碍
│   ├── 语言和文化障碍
│   ├── 情绪和心理障碍
│   └── 环境和组织结构障碍
└── 实现有效沟通
    ├── 有效沟通的关键点和技巧点
    └── 非语言沟通技巧
```

任务一　反思沟而不通

反思沟而不通

工作任务	反思沟而不通
建议学时	1 学时
教学模式	理实一体化
教学方法	研讨式教学 + 案例辨析
教学目标	知识目标：了解影响沟而不通的因素和障碍，掌握有效沟通的具体实施步骤。 能力目标：具有辩证地看待事物的能力，能够发现沟通的障碍并及时调整，完成有效沟通。 素质目标：具有完整的信息来源，对语言和非语言的含义都有一定的敏感度。 思政目标：培养一视同仁的平等意识（人格），有宏观的视野和正确的人性观。

情景导入

在日常生活和工作中，总是出现沟而不通的现象，为什么会这样？
扫二维码，观看视频 2-1 获取更多信息。

视频 2-1

知识解码

案例 1：

准备了很久的毕业设计方案，讲了半天，老师不置可否，让你回去再想想；跟同学对接班级工作事务，明明自认为已经讲得很清楚了，对方做的时候还是出了问题；跟朋友确认过合作的事情，过了几天，他又打电话来问，最后发现双方的理解有不少误差。

案例 2：

1910 年，在营地，营长对值班的军官说："明晚八点钟左右，我们这个地区将可能看到哈雷彗星，这颗彗星每隔 76 年才能看见一次。命令所有士兵，着野战服在操场上集合，我将向他们解释这一罕见的现象。如果下雨的话，就在礼堂集合，我为他们放一部有关彗星的影片。"

值班军官立即执行营长的命令，对连长说："根据营长的命令，明晚八点，每隔 76 年才能看见一次的哈雷彗星将在操场上空出现。如果下雨的话，就让士兵穿着野战服列队前往礼堂，这一罕见的现象将在那里出现。"

连长立即执行值班军官的命令，对排长说："根据营长的命令，明晚八点，非凡的哈雷彗星将军将穿野战服在礼堂中出现，这是每隔 76 年才出现的事。如果操场上下雨的话，营长将下达另一个命令，这种命令每隔 76 年才会出现一次。"

排长立即执行值班连长的命令，对班长说："明晚八点，营长将带着哈雷彗星在礼堂中出现，这是每隔 76 年才出现的事。如果下雨的话，营长将命令彗星穿上野战服到操场上去。"

最后，班长对士兵说："在明晚八点下雨的时候，著名的 76 岁的哈雷将军将在营长的陪同下身着野战服，开着那辆彗星牌汽车，经过操场前往礼堂。"

案例 3：

外面一辆大车隆隆开过，朋友的狗冲到房间躲在角落里瑟瑟发抖，对我来讲，这个情境有点莫名其妙，这时朋友说，它六个月之前刚被一辆车子撞过。

案例反思：很多时候我们非常辛苦地层层沟通传达信息，最后往往结果不如人意，究竟问题出在什么地方呢，沟通的障碍是怎么产生的，如何避免沟而不通？

沟通的信息是否是完整的，对于沟通双方的相互理解非常关键，日常生活和工作中误会的产生往往是因为我们没有了解到完整信息而产生误解，引发沟通中的困难和矛盾，同时也因为我们对于一个事实的断章取义而产生莫名其妙的感觉，从而阻断了沟通的进程。

一、沟而不通的原因

1. 不同的语言系统

对话示例：

问者：我怎么找不到 D 盘在哪儿啊？

客服：请你打开"我的电脑"。

问者：你的电脑我怎么能打开呢？

客服：请你打开"你的电脑"。

问者：我电脑开着呢。

客服：请问你的"桌面"上都有什么？

问者：手机、钥匙、水杯、书、方便面……

这一幕不仅令人啼笑皆非，也深刻揭示了导致沟通失败的四个基本问题。

（1）个体知识库的独特性：每个人脑中的信息储备各不相同，导致理解差异。

（2）语言的局限性与歧义：语言在传递信息时往往经过简化，可能引发误解。

（3）自我中心的思维惯性：人们倾向于从自身视角出发理解问题。

（4）情绪与态度的影响：沟通中的不良情绪或拒绝沟通的态度会加剧障碍。

2. 信息是否完整

当信息不完整时，沟通往往会遇到障碍，导致效率低甚至失败。以小张这位机关单位的办事员为例，他接到了一个前往某某公司商洽的任务。由于小张之前曾路过该公司，他基于旧有印象认为只需15分钟车程即可到达。然而，关键问题在于，他的上司忘记提及近期由于特殊原因，该公司的办事处已临时搬迁至距离他们单位半小时车程的新地址。由于上司当时工作繁忙，匆匆交代后便去参加了紧急会议，未能详细说明这一变动，结果小张的整个下午因走错路又重新找路而浪费了大量时间，最终前往公司办事时还是耽误了近一个小时，险些耽误了重要事务。

小贴士　沟通中的重要技巧——问话

有效提问不仅有助于提问者，同样也能促进回答者的思考与表达。通过恰当的询问，我们能够更深入地理解事实细节，同时也能更清晰地把握对方的想法与感受。例如，询问"你的真实感受是什么？"或"你是否因为某事而对我感到不满？"，能够直接触及对方的内心世界；而"你希望你的同事如何回应你的需求？"则能探索对方的期望。此外，通过提问如"你认为解决这个问题的最佳方法是什么？"，可以激发对方对单位问题的思考与建议。重要的是，真诚的问话能够搭建起理解的桥梁，而虚伪的提问则仅仅传递了信息，却难以触及人心。

然而，也存在一些糟糕的问话方式，它们可能阻碍有效沟通。

⊙设圈套式提问：如"你不喜欢这部电影，是吗？"，这样的问题让回答者陷入两难，难以给出既不违心又符合提问者预期的答案。

⊙附加问句：如"不是吗"或"对吗"这样的句尾短语，往往透露出提问者并非真正寻求信息，而是在寻求认同，这会让回答者感到被质疑而非被倾听。

⊙预设答案的提问：当提问者心中已有既定答案，并试图通过提问来确认时，如"你觉得我应该穿哪双鞋？"（若提问者已有偏好），这样的提问限制了回答者的自由表达，且对相反意见缺乏兴趣。

未经核实的假设性提问：如"你为什么不听我说话？"，这种提问基于未经证实的假设，容易引发对方的防御心理。相比之下，更真诚有效的提问方式可能是："我刚才说话时，你一直在看电视，所以我不确定你是否听到了。不过，也许是我误会了，你其实有在听我说吗？"，这样的提问既表达了对对方可能行为的关注，又保持了开放和尊重的态度。

3. 环境的选择

（1）环境选择的关键点。
- 沟通场所大小适宜；
- 沟通场所要无噪音及干扰物；
- 沟通人员的座位要安排妥当；
- 沟通场所的光度和温度要适宜；
- 备有各种必要的设备；
- 慎选时机，控制情绪环境。

（2）沟通环境的准备。
- 物理层面：确保一个安静且干扰少的环境，并准备水或饮料。
- 心理层面：通过关心和寒暄来营造一个放松的内心环境。

在首次见面或交流时，介绍自己的说话方式、思考方式，并尝试了解对方的方式，这有助于双方更好地理解彼此，也可能事先了解工作。

（3）网络沟通。网络沟通的有效性很大程度上取决于对各种平台的功能与限制的了解。忽视这些特点可能导致沟通不畅。因此，熟练掌握每种网络载体的特性，并合理利用它们，是确保沟通顺畅的关键。此外，根据不同的沟通需求选择最合适的网络载体也至关重要，这有助于避免沟通效率的下降。网络沟通的优势、问题和应对如表2-1所示，不同网络载体的优势和问题如表2-2所示。

表2-1 网络沟通的优势、问题和应对

优　　势	问　　题	应　　对
跨地域沟通的便利性	信息过载	采用信息过滤工具，设置优先级
成本低	误解和沟通障碍	增强网络沟通培训，使用清晰的沟通准则
响应迅速	隐私和安全问题	加强网络安全措施，提高隐私保护意识
记录和追溯能力	技术依赖和平台故障	定期备份沟通记录，选择可靠的平台
个性化和定制化沟通	缺乏非语言线索	使用表情符号和视频来增加非语言交流

表2-2 不同网络载体的优势和问题

网络载体	优　　势	问　　题
电子邮件（网易邮箱等）	可保存的通信记录	可能遭受垃圾邮件和网络钓鱼攻击
即时通信工具（微信、钉钉等）	实时互动	信息泄露风险
视频会议（腾讯会议等）	增强远程协作体验	技术支持需求
社交媒体（微博、小红书等）	广泛的受众范围	隐私设置复杂
论坛（知乎、贴吧等）	针对特定主题的深入讨论	信息更新迅速，可能导致过时
企业社交网络（企业微信等）	内部知识共享和团队协作	需要维护活跃的社区氛围

小故事大道理

老虎梦见自己所有的牙齿都掉了。一觉醒来，他招来羚羊为它解梦。羚羊说："大王，你很不幸，每掉一颗牙齿，你就会失去一个亲人。"

老虎大怒："你这个大胆狂徒，竟敢胡言乱语，给我滚出去！"

老虎另外找来狐狸，向它述说自己的梦。狐狸听完，灵机一动说："高贵的大王，你真幸福啊，这是一个吉祥的梦，意味着你比你的亲人更加长寿。"

老虎听完后，命令奖赏狐狸十只鸡。

狐狸走出宫殿，正好碰见羚羊，羚羊说："我真是不明白，明明你和我说的都是一个意思，为什么你会得到奖赏？"狐狸语重心长地说："很简单，我只是以老虎喜欢听的方式表达了同样的意思。"

故事启发：在很多情况下，同样一句话有很多表达方法，至于怎样表达，需要看听话的人是谁，什么样的方式更容易让对方接受。在任何时候都要讲真话，但讲话需要选择恰当的方式，表达不当就可能引起严重的后果。

拓展链接

沟通漏斗

"沟通漏斗"现象揭示了人际交流中的递减效应：在沟通时，一方想要表达的内容通常只有80%能够被说出口；而另一方最多只能接收到这其中的60%，实际理解的部分降至40%，最终落实到行动上的仅剩20%。换言之，原本100%的意图和信息，经过传递和解读的过程，只有五分之一被执行。这便体现了沟通中的"80/20法则"。为了提高沟通效率，可以采纳图2-1提供的一些方法来优化沟通过程。

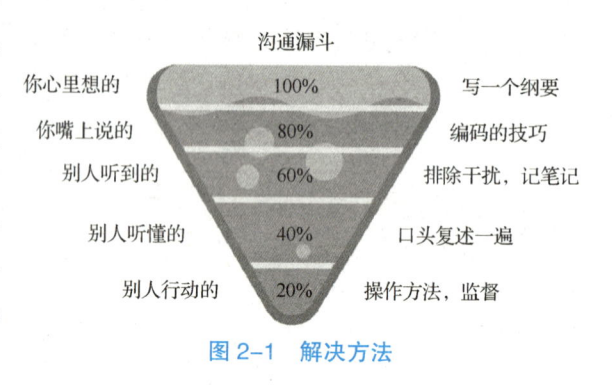

沟通漏斗

你心里想的 100% — 写一个纲要
你嘴上说的 80% — 编码的技巧
别人听到的 60% — 排除干扰，记笔记
别人听懂的 40% — 口头复述一遍
别人行动的 20% — 操作方法，监督

图 2-1 解决方法

牛刀小试

玛丽这天回到家筋疲力尽，她想和男友分享这天的感受。

她说：工作太多了，我根本没有一点点私人时间。

汤姆：你应该辞职，不必做得那么累，去找一些你喜欢的事做。

玛丽：可是我喜欢我的工作，只是他们过于期望我在这段时间内改变一切事。

汤姆：别听他们的，只要做你能做的就好。

玛丽：我正是这么做的，真不敢相信我今天竟然忘了打电话给我姑妈。

汤姆：别担心，她应该会了解你很忙。

玛丽：你知道她最近过得很不好吗？她需要我的安慰。

汤姆：你太容易担心了，才会这么不快乐。

玛丽：（生气）我并不是常常不快乐，你可不可以只听我说？

汤姆：我正在听。

玛丽：为什么我还是那么烦呢？

谈过话后，玛丽很失望，汤姆也失望地不知道到底哪儿出了毛病，他想帮忙，但解决问题的策略却没奏效。

汤姆：我帮你想了这么多方法，可是……

玛丽：我以后再也不跟你说这些烦恼了，你根本就不知道我想要什么。

汤姆：我帮你想了这么多的方法，试图安慰你，你怎么这么不知足呢？

问题：玛丽和汤姆为什么会出现沟而不通？

我们需要区分评价式沟通与描述式沟通：

许多人会因评价式沟通中的评判性言辞而感到不悦。评价式沟通常以"你"作为开头，这样的表述方式容易触发对方的防御机制，不利于构建和谐的人际关系。

相反，描述式沟通倾向于以"我"为起点，更侧重于表达者自身的思考和感受，避免了对他人行为的直接价值评判，从而大大降低了激起对方防御心理的可能性。例如：

评价式沟通（批评）："你完全不明白刚才你在说什么。"

描述式沟通："我不太理解你为何会持有这样的观点。"

跟影视学沟通

扫描二维码，观看视频2-2，体会沟通误解的产生和引发的情绪。

想一想：视频给了你什么启发？

视频2-2

游戏互动：传话游戏

由主持人告诉每一组第一位参赛人员一句话，由第一个人开始依次向后面的参赛人员复述这句话，注意说话声音不能太大，不能让后面一位学生听见。将话传给最后一位学生后，就由那位学生站起来复述一遍听到的话，根据复述的话的正确性来进行相应的奖励或惩罚。

任务二 查找沟通障碍

工作任务	查找沟通障碍
建议学时	1学时
教学模式	理实一体化
教学方法	研讨式教学+角色扮演
教学目标	知识目标：了解人际沟通的障碍、乔哈里窗和刻板印象等。 能力目标：能够克服刻板效应，有能力对一般的沟通障碍进行调整和处理。 素质目标：能够换位思考，有进行多个回合的沟通的勇气和耐心。 思政目标：能够主动对沟通对象感兴趣、对人际关系感兴趣。

情境导入

在人际沟通中存在哪些障碍？

一坚固的大锁悬挂在门上，铁杆虽竭尽全力，却未能将之撬开。接着，一把瘦小的钥匙轻而易举地打开了锁。铁杆好奇地问："为何我费尽九牛二虎之力都无法打开，你却能轻松做到？"钥匙回答道："因为我了解它的内部结构。"

感悟：每个人的心都如同那把坚固的锁，无法被简单的外力撬开。唯有通过深切的关怀，我们才能化作细腻的钥匙，洞悉并理解他人的内心深处。

知识解码

请看以下沟通小故事：

州官：贵县黎庶如何？
县令：回大人，本县有的是杏树，没有梨树。
州官：我问的是百姓如何？
县令：回大人，我们这里只有黄杏，没有白杏。
州官：我问的是小民！
县令：下官小名叫"狗娃"。

州官和县官之间存在哪些沟通障碍呢？

一、语言和文化障碍

1. 语言障碍

语言障碍是人际沟通中常见的一大障碍，它可能源于不同语言的差异或个体在语言能力和理解上的限制，包括语体的选择和歧义的处理。此外，不恰当、不自信或不重视的表达方式也会导致沟通不畅。

"政府官员、文职人员、商人、医生"，每个群体都有自己独特的语言风格，这种风格往往与其专业身份相关。因此，当沟通双方使用的语言体系不一致时，便可能出现理解上的障碍。

2. 文化障碍

世界上最遥远的距离是我们面对面坐在一起，心却不在一个频道上。由于认知、经验、文化、观念和思维上的差异，导致人们的沟通不在同一频道上。

二、情绪和心理障碍

1. 情绪障碍

情绪障碍在人际沟通中同样扮演着关键角色。情绪如愤怒、悲伤或焦虑，可以显著影响个体的沟通效果。当情绪占据主导，人们可能会发现很难客观地表达自己的想法或理解他人的观点。例如，愤怒可能导致对话变得攻击性，而悲伤可能使一个人的话语充满消极性，这些都会增加沟通的难度。

2. 心理障碍

心理障碍包括个人的心理状态、压力水平或焦虑等因素，这些都可能影响沟通的过程。当个人承受心理压力或面临焦虑时，他们的注意力可能会分散，理解能力降低，从而难以有效地传达信息或接收他人的信息。心理状态的不稳定不仅影响沟通的质量，也可能阻碍双方建立信任和理解的关系。

三、环境和组织结构障碍

1. 环境障碍

环境障碍也是沟通中常见的问题。当置身于嘈杂或不适宜交流的场所时，主动提议更换沟通环境或约定更为合适的时机显得尤为重要。这体现了对沟通质量的重视与对对方的尊重。

例如，小张在机场附近接到客户关于合同细节的紧急来电。他迅速意识到周围环境可能对通话质量造成严重影响，便礼貌地向客户说明当前环境的不便，并主动提出稍后在一个更合适的环境下重新联系。小张还诚挚地表达了因环境限制给客户带来的困扰与歉意，并承诺了一个具体的时间点进行回电。随后，他按时抵达了一个无干扰的场所，与客户就合同事宜进行了深入而细致的讨论，双方很快便顺利达成了共识。客户对小张的专业态度与高效沟通给予了高度评价。

2. 组织结构障碍

组织结构障碍是组织内部沟通中常见的难题，它源于层级过多、部门壁垒、职责不清或决策流程冗长等因素。这些障碍不仅减缓了信息传递的速度，还可能导致信息在传递过程中失真或遗漏，进而影响决策的有效性和团队的协作效率。

小贴士 日常沟通注意事项

- 避免在环境吵闹的地方接打事务性电话；
- 避免在不安全的环境下沟通重要信息；
- 祝福需要提前或当场传达；
- 道歉需要在事发当天进行；
- 回应需要及时及体现尊重。

拓展链接

认识"乔哈里视窗"

乔哈里视窗是一种著名的沟通模型，由约瑟夫·路福特和哈里·英格汉姆在20世纪50年代提出，也被称为"自我意识的发现——反馈模型"。这一理论将人际沟通比作一扇带有四个区域的窗户：开放区域、隐秘区域、盲目区域和未知区域。有效的人际沟通需要这四个区域的良好整合，如图2-2所示。

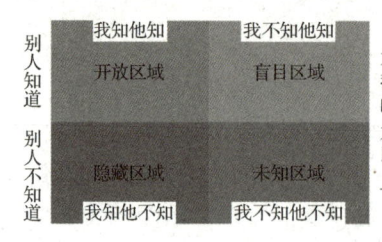

	我知他知	我不知他知
别人知道	开放区域	盲目区域
别人不知道	隐藏区域	未知区域
	我知他不知	我不知他不知

为了进行有效的沟通和合作，我们必须扩大开放区域，同时缩小盲目区域和隐秘区域。为了达到这一目的，我们可以采取两类行动——自我透露和寻求反馈。

图2-2 沟通视窗

开放区域包括自己和他人都知道的信息，如个人的行为、态度、感受、愿望和动机等。这个区域越广，沟通通常越流畅。人们倾向于在感觉舒适的人面前分享更多信息。

隐秘区域是只有自己知道的信息，这些信息在大多数沟通场合中不会被透露。隐秘区域过大可能会让人显得神秘或封闭，引发他人的防范心理。

盲目区域涉及他人知晓但自己未察觉的信息，如不经意的口头禅或肢体动作。盲目区域较大可能意味着个人过于健谈而忽视了询问他人的看法，导致自我认知的不足。

未知区域包括自己和他人都不知道的信息，这部分信息有待探索和发现。缩小未知区域的方法是通过主动征求他人反馈以及向他人展示自己的能力与意愿。

社交恐惧症和刻板印象

1. 社交恐惧症

（1）一般性社交恐惧症：罹患此症者，在广泛的生活场景中均会感到强烈的不安，生怕自己成为众人瞩目的焦点。他们仿佛置身于放大镜之下，每一个细微动作都被周围人审视。从被介绍给陌生人到在公共场所用餐饮水，这些日常行为都可能引发他们的恐惧，导致他们尽量避免前往商场、餐馆等公共场所。面对上级、同事或任何可能的冲突，他们往往选择沉默，不敢为自己的权益发声。如图2-3所示，这正是社交恐惧的真实写照。

（2）特定性社交恐惧症：与前者不同，此类患者仅对特定情境或场合感到极度恐惧，如当众演讲或表演。在除此之外的社交环境中，他们表现如常。职业如推销员、演员、教师及音乐演奏家等，虽在日常交往中游刃有余，但一旦面临舞台或讲台，便会紧张得语无伦次，甚至僵立当场。他们时刻担心在众人面前出丑，聚会前便已焦虑不已，反复预演可能出现的尴尬场景。聚会结束后，又会反复回味每一个细节，试图找出更完美的应对方式。

图 2-3 社交恐惧

2. 刻板印象

刻板印象是对某一群体或事物形成的固定、概括且笼统的观念，倾向于将个体特征归咎于整个群体，忽略了其中的差异性。这一心理现象深刻地影响着我们的社会信息处理过程。

刻板印象的形成途径多样，既可通过直接的个人经验积累，即在与特定人群的直接交往中形成固化印象；也可通过间接渠道，如基于未直接接触的群体信息构建而成。

其积极作用在于，对于具有普遍共性的群体，刻板印象能迅速提供初步判断，简化认知过程，节省时间与精力，帮助我们快速把握大致情况，适应复杂环境。

然而，其消极影响亦不容忽视。基于有限信息做出的普遍化结论，往往导致我们忽视个体差异，造成认知偏差，形成先入为主的观念，阻碍对他人的全面评价。此外，它还限制了我们对他人真实个性的理解，成为沟通的障碍。

一则趣闻：有一位法庭庭长正在和一个朋友聊天，有个男孩慌慌张张地跑进来说："你爸爸和我爸爸吵起来了。"朋友问："这孩子是你儿子？"庭长点头。那么那两个吵架的人跟庭长又是什么关系呢？后来有一个孩子答对了：庭长的老公和爸爸，也就是孩子的父亲和外公。为什么很多人都被困住了呢？因为根据成人的刻板印象，庭长应该是个男的，按照这个信息去推，自然难以找到答案，孩子没有这样的思维定势，一下子就找到了答案。

牛刀小试

请听以下相声

甲：我说：你少废话，我这处长不是为你当的，我一天忙到晚，为什么？还不是就为自己……

乙：怎么着？

甲：机关这些同志们——

乙：大喘气呀！

甲：我具体管房，不讲原则……

乙：嗯？！

甲：是不行的，别的我不管，我就看你的礼……

乙：啊？！

甲：理由充分不充分，最好你拿酒……

乙：什么？

甲：九口人的户口来。

你能听出这段相声中的沟通障碍是怎么发生的吗？[①]

跟影视学沟通

扫描二维码，观看视频2-3，体会多种沟通障碍造成的沟通失败。

想一想：沟通的障碍是什么？问题是如何解决的？沟通转机出现的原因是什么？

视频2-3

游戏互动

游戏1：天才猎头

游戏流程：

1. 把人们分成两组，一组雇员，一组猎头，每组一圈，围成同心圆，外圈和里圈一一对应。

2. 发给每个猎头一张天才猎头工作奖状，给其两分钟时间看上面的说明。

3. 内圈的同学暂时是某广告公司的创意人员，目的是推销某个产品，比如手机、厨房用品等。他们需要各抒己见，提出产品、时髦的产品名、广告语、潜在客户群等问题。

4. 猎头们要仔细聆听着一切，尤其是要仔细观察与其相对的工作人员的表现。

5. 所有人围成一个大圈，让猎头和客户肩并肩坐着。

6. 给每个猎头2～3分钟时间去介绍他的客户，描述他的过人之处。

相关讨论：

1. 如果你是猎头，发现一个人的优点并夸奖他是否会令你心情愉快？

2. 如果你是客户，当你听到你的猎头对你的评价时是什么感觉？你认为这些评价是否属实？你是否对自己产生了新的认识？

感悟：其他人对你的夸赞会让你大吃一惊吗？不要怀疑别人的眼光，认真对待别人的称赞，你会发现一个新的自我。

人的天性是喜欢被表扬的，对员工严厉要求固然重要，但不时对他们的行为做出表扬

[①] 综合参考梁辉的《有效沟通实务》，北京：中国人民大学出版社，2010年3月第1版。

也至关重要，这可以鼓励他们以积极的态度投入到工作中去。

游戏 2：天才猎头工作表

你的任务是分析和归类客户的天赋与技能，目的是将客户推荐给寻找高级人才的公司。这需要你细致观察客户的行为：例如，如果客户话语不多，你可以描述他们为深思熟虑的人；如果客户表现出积极主动的特质，你可以称他们为天生的领导者。

下面是你赞扬客户能力时需要思考的几个问题：

1. 你的客户说了什么，做了什么？有助于小组做决定吗？
2. 你的客户在与其他成员进行交流和沟通的过程中，表现出什么与众不同的地方吗？
3. 你的客户最好的想法是什么？
4. 描述一下你的客户给人留下深刻印象的聪明才智。
5. 其他猎头为什么会嫉妒你有这个客户？

任务三 实现有效沟通

工作任务	实现有效沟通
建议学时	1 学时
教学模式	理实一体化
教学方法	研讨式教学 + 模拟演练
教学目标	知识目标：了解有效沟通的关键点和步骤，了解非语言沟通的内容和范围。 能力目标：能够在沟通过程中使用部分或完整的步骤，并能够适当使用非语言沟通的方式。 素质目标：能够主动察觉和了解沟通对象状态，能够尊重沟通对象 思政目标：能够主动关心、关怀沟通对象，使对方感到愉悦。

情景导入

在生活中，我们注意到有些人哪怕不用语言也可以实现有效的沟通，比如父子两个一起踢球、看球赛，那种嗨的感觉就让双方的情感交流增色不少。两个甚至还不会说话的小宝宝，他们之间也会有非常有特色的彼此心意相通、乐在其中的沟通。情侣之间的一个眼神就胜过千言万语。

知识解码

一个女儿向父亲诉说她的生活挑战，抱怨事情的艰难。她感到无法应对生活，甚至想要放弃。她对不断的抗争和奋斗感到厌倦，似乎一个问题刚解决，另一个问题就接踵而至。

她的父亲是一名厨师，一天，他把她带进厨房。他首先在三只锅中加了些水，然后将它们放在火上加热。待水烧开后，他分别往锅里放入了胡萝卜、鸡蛋和咖啡豆粉，并让它们在沸水中煮。整个过程中，父亲一句话也没说。

女儿不耐烦地等待，好奇父亲的意图。大约 20 分钟后，父亲关闭火源，将胡萝卜、鸡蛋和咖啡分别放入不同的容器中，然后转向女儿问道："亲爱的，你看到了什么？""胡萝卜、鸡蛋、咖啡。"她答道。父亲让她靠近些，先触摸了变软的胡萝卜，接着打破并剥开煮熟的鸡蛋，最后品尝了香浓的咖啡。女儿好奇地问："这意味着什么？"

父亲解释说，这三种食材都经历了同样的逆境——沸腾的水——但它们的反应各不相同。胡萝卜本强壮，但在水中变软了；鸡蛋本易碎，但煮沸后内部变硬了；而咖啡豆则改变了水的味道。他问女儿："当逆境来临时，你会怎样？你会是胡萝卜、鸡蛋，还是咖啡豆？"

故事的启示：父亲通过非语言的方式——一个生动的隐喻，向女儿传达了一个深刻的道理。这种沟通方式虽无言却极富表现力，使女儿对人生的难题有了新的理解和应对方式。

小贴士　人际沟通中的四个真相

⊙沟通无处不在：无论你如何努力避免，沟通都是无法逃避的。无论是通过行动、静止、语言还是沉默，我们都在不断地传递信息。这些信息如同无形的纽带，影响着周围的人，而他们也不得不以某种方式作出回应。

⊙信息传递的偏差：你发出的信息，并不等同于对方接收到的信息。由于表达不清或理解偏差，信息的接收者往往会根据自己的思想、情感和经验进行过滤和解读。

⊙信息的双重维度：每一条信息都蕴含着内容和感觉两个层面。内容是我们直接表达的字面意思，而感觉则是信息背后所传递的情绪、态度和氛围。

⊙非语言的强大力量：在人际沟通中，非语言信息往往比语言更加真实可信。它超越了字词的局限，通过肢体语言、面部表情、声音语调等多种方式传递着更为丰富和细腻的信息。

一、有效沟通的关键点和技巧点

1. 有效沟通的关键点

⊙ 倾听：认真且完整地聆听对方的话语，理解其言外之意。

⊙ 坦诚：以开放和真诚的态度表达自己的想法和感受。

⊙ 平等：确保交流中双方地位平等，让每个人都有机会发言和被听到。

⊙ 关注对方：留意并尊重对方的思维模式和语言习惯。

⊙ 讨论而非争辩：以探讨的方式进行对话，避免演变成不必要的争论。

⊙ 询问而非质疑：提出问题以获得更多信息，而非用反问的方式挑战对方。

⊙ 情绪管理：在交流时保持情绪稳定，避免情绪化言论影响沟通质量。

2. 有效沟通的技巧点

⊙ 多样的行为反应：根据不同情境，灵活调整自己的行为和反应。

⊙ 有效的沟通表达：清晰、恰当地展示自己的沟通意图和行为。

⊙ 多角度思考：学会从多个角度审视问题，以促进更全面的理解。

⊙ 明确的沟通动机：确保自己的沟通出于正当且合适的理由。

⊙ 容忍不确定性：在信息不完整时保持耐心，能够应对不确定的情况。

⊙ 开放的心胸：对新观点和不同的意见持开放态度，愿意接受和考虑。

> **小贴士** 有效沟通的实施步骤（向下沟通）

首先，肯定过去的成就，积极认可对方过往的成绩和努力。
接着，提出改进建议，以建设性的方式提出如何改进可以获得更好的成果。
然后，表达信心与期待，明确表达对对方未来表现的信心，同时给予鼓励，激发其潜能。
最后，提供支持，确保对方知道你愿意提供帮助，展现出你的支持和关心。

二、非语言沟通技巧

就人际沟通而言，沟通方式包括语言沟通和非语言沟通两大类，其中非语言沟通又可以分为身体语言沟通和副语言沟通。

赫拉别恩交流法则认为沟通时一个人通过三个方面来影响另一个人，即语言、副语言和身体语言，其中语言在交流中占比为7%，副语言在交流中占比为38%，身体语言在交流中占比为55%，如图2-4所示。

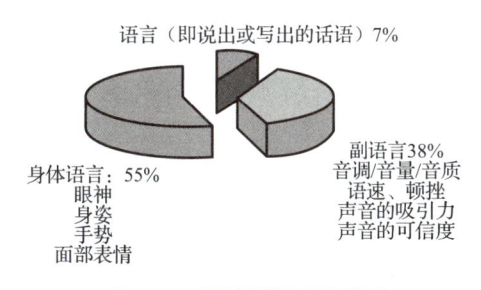

图2-4 赫拉别恩交流法则

在沟通中人们无不处于特定的情绪状态中，除了可以用直接的表达或副语言告知对方，还可以委婉地以身体语言来表达。比如通过动态的眼神、表情、手势语言等身体运动、静态的身体姿势、衣着打扮等来传递或沟通信息。要成为沟通高手实现有效沟通，就要学会充分利用非语言沟通方式。下面介绍几种人们常用的非语言沟通技巧。

1. 眼神的沟通

眼睛是心灵的窗户，一个人对事物的态度和心情通过眼神完全可以流露出来，尤其当与对方交流时，眼神所传达的信息尤为重要。眼神的交流就像一个联结的信号，能够反映出两个人的关系性质是积极的还是消极的。

2. 表情的沟通

面部表情具有跨文化的共同性，即使文化氛围不同，但是基本的情绪表达方式是相同的。友好、放松的表情会自然露出微笑。当你向对方露出笑容时，对方通常也会报以微笑。如此一来，出于因果效应的作用，双方心中便都会自然生出一种对对方的好感。研究证明，沟通会谈时，如果双方都面露笑容，能够使沟通过程更顺畅。常见的六种表情如图2-5所示。

图 2-5　常见的六种表情

小贴士　关于微笑

法国著名神经病学专家杜兴发现由愉悦情绪引发的自然笑容不仅是嘴角的翘起（颧大肌收缩），而且眼睛也会眯起（眼轮匝肌收缩）。因此，后人称发自内心的笑容为"杜氏"微笑。已经倒闭的美国泛美航空公司的空姐对所有的客人都保持着一种礼貌的微笑。这种笑容仅仅是礼节性的，没有发自内心的愉悦情绪，在表情上只有嘴部动作而没有眼部动作，称为"泛美式"微笑。两种微笑的区别如表 2-3 所示。

表 2-3　两种微笑的区别

杜氏微笑（自然真实）	泛美式微笑（社交需要）
眯起眼睛	只有嘴角上翘
出现鱼尾纹	没有鱼尾纹
嘴巴和眼睛动作不同步	嘴巴和眼睛动作同步
表情在语言之前	表情和语言同时出现

3. 手势语言的使用

语言学家们认为，手势语言是人类进化历程中最早使用的交际工具，甚至是先于有声语言的。适当运用手势语言不仅能弥补口头语言和表情语表达的不足，还能帮助表达特殊的情感。需要注意的是，使用手势语言需要注意时间、地点和场合，不能滥用，以免适得其反。常用手势如图 2-6 所示。

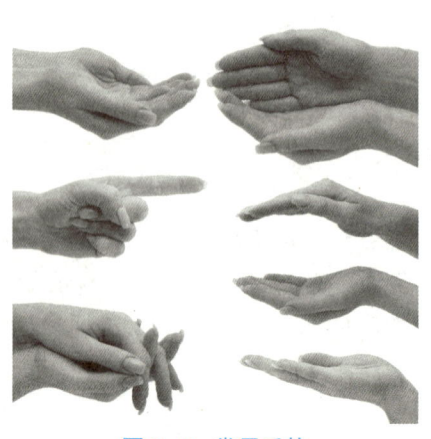

图 2-6　常用手势

4. 空间距离的把控

在与人进行沟通交流的时候，我们会或多或少和他人保持一定的距离。空间距离显示着人们内心愿意跟对方保持的亲疏远近，具有微妙的沟通意义，不同的空间距离也隐含了人们在内心希望与对方保持什么样的关系和距离的心理。

亲密距离：0.5 米内，适合进行亲密话题的沟通。这种距离常在恋爱、角斗、互相抚慰等情形时采用，如图 2-7 所示。

私人距离：0.5 ~ 1.25 米，适用于朋友间的交往，较少有身体接触，友好亲密但又不失分寸。通常亲密朋友是在 0.5~0.8 米的距离带中交往，普通朋友是在 0.8 ~ 1.25 米的距离带中交往。

社交距离：1.25 ~ 3.5 米，适用于商务及社交上的交往，如上下级之间、老师与学生之间、顾客与售货员之间、医患之间等。彼此的关系是公开性质的，本着公事公办的态度，说话声音响亮，内容也不避讳他人，是较为正式的交往关系，如图 2-8 所示。

图 2-7　亲密距离 　　　　　　　　　图 2-8　社交距离

公共距离：3.5 ~ 7.5 米，适用于公开场合，如庆典或公开演讲等，此时的沟通和交流往往是单向的。

5. 副语言沟通

"副语言"也可称之为类语言，是指有声音但没有具体意义的辅助语言，主要通过音质、音调、语速、停顿、叹词等来实现信息的表达和传递。在语言沟通中，一句话的含义往往不仅仅是其字面意思，配合副语言的表达，有时甚至可以表达与字面完全相反的意思来。例如，在称赞别人时如果用的是迟疑、沉闷的语气，那势必会令人觉得其肯定的态度不是很诚恳。因此借助副语言沟通时，一定要根据沟通目的，选择合适的语调、语气、语速等来呈现自己的专业和认真态度，从而实现有效沟通。

拓展链接

通往有效沟通的"高速公路"

1. 同理心

同理心泛指心理换位，是指设身处地地对他人的情绪和情感的认知与理解。同理心包含在知觉方面需要中止自己的论断，将自己的意见放在一边，同时采用另一个人的观点试着去了解对方。在情感层面，同理心使我们更贴近地去体验别人的感受，去感受他们的恐惧、喜乐、伤心等感觉。同理心有助于亲密关系的建立，从而形成良好的沟通条件，利于沟通的顺利进行。

2. 平等态度

在人际沟通中，平等表达的是一种态度，互动中的每个人都是重要且不可或缺的。平等态度是建立良好人际关系的基础，也是保障沟通顺利进行的基本前提，不管是公务还是私交，人人均是平等的，没有高低贵贱之分。

在人际沟通互动中，我们需要避免"应该""本该"这样的语言，比如"你应该多打电话征求我的意见""你应该把这件事情做得更加稳妥些"等。这类表达会令听者感觉自己处于一个明显不平等的位置，从而令其反感，不利于沟通的顺利进行。

要多用请求（礼貌用语），比如"请帮我一个忙看看这个方案是否有些问题呢"等。

尽量避免打断别人，忍不住打断别人意味着你觉得你有权力这么做，而且你心里认为你比对方更加重要。

在表现自己之前先欣赏他人的贡献，比如"我注意到了，我看到了，我能理解你这么做，你的想法很有创意"等。

此外，不同的文化有不同的平等观念，要注意平等的相对差异化。

3. 亲切感

亲切感是交流双方之间亲热、友好的心理感受。人们普遍喜欢对有亲切感的人做出积极的回应。亲切的行为方式同样有助于提升我们在人际沟通中的个人吸引力，增加对方对自己的好感度，获得对方更加积极的回应。想要增加人际沟通中的亲切感，可以尝试以下几点：

√增加自我表露，传递一些自身的重要信息；

√肯定他人的优点，表达积极的看法；

√谈论你与他人的共同点或是你与对方共同参与过的活动；

√对他人的谈话做出反馈，并表现出兴趣；

√坦诚的表达和亲密的行为相结合；

√保持微笑，专注倾听他人的讲话。

4. 有效赞美和善意的批评

有效赞美和善意批评均是一种沟通技巧。虽然人人都爱听赞美，但随意的恭维难以令人感到被敬重；同样，虽然被批评令人不快，但注意方式方法，即使是批评的话语也容易令人心悦诚服，从而发挥良好的沟通效果，可见，不管是赞美还是批评都是有一定技巧的：

√态度要诚恳，身体语言是一致的，表情自然真诚、不敷衍。

√选择更有效的方式。如，间接赞美、明贬实褒等让被赞美人听得更开心；批评时先表扬，少指责多启发等。

√内容要具体，且尊重客观事实。如，"你这个新公文包纹理很有质感，眼光真好，我也特别喜欢""我注意到这份材料中有近10处数据是有错误的，需要你重新去修改正确，下次准备材料时一定要避免同类错误"等。

√注意场合。尤其批评的时候，不要在公众场合下，尽量选择单独相处的场合。

牛刀小试

1. 关于"拒绝"的小练习。

请和你的同桌合作表演以下场景：

我不想参加马拉松比赛。

我不想代替你去和领导沟通这件事。

我不想和小张合作这个项目。

2. 出色的沟通技巧是人际关系、工作成功的决定性因素。以下十种情况，你会用什么样的句型来应答呢？

（1）以委婉的方式传递坏消息时你会用的句型：

_____

（2）表达上司找你是责无旁贷时你会用的句型：

_____

（3）表现团队精神时你会用的句型：

_____

（4）说服同事帮忙时你会用的句型：

_____

（5）巧妙闪避你不知道的事时你会用的句型：

_____

（6）智劝办公室背后谈论他人是非的人时你会用的句型：

_____

（7）想要合理地减轻工作量时你会用的句型：

_____

（8）想要恰如其分地讨好对方时你会用的句型：

_____

（9）承认过失但不引起上司批评时你会用的句型：

_____

（10）面对批评要表现冷静时你会用的句型：

_____

跟影视学沟通

扫描二维码，观看视频2-4，体会饱含情感的"共情式"沟通的力量。

想一想：这个视频给你什么启发？

视频2-4

抢答闯关

你善于交谈吗？请对下列题目做出："是""有时"或"否"的选择。

（1）你是否时常觉得跟他多讲几句也没有意思？
A. 是　　　　　　B. 有时　　　　　　C. 否

（2）你是否觉得那些太过于表现自己的人是肤浅的和不诚恳的？
A. 是　　　　　　B. 有时　　　　　　C. 否

（3）你与一大群人或朋友在一起时，是否觉得孤寂或失落？
A. 是　　　　　　B. 有时　　　　　　C. 否

（4）你是否觉得需要时间一个人静静地思考，才能理清头脑和整理思路？
A. 是　　　　　　B. 有时　　　　　　C. 否

（5）你是否只会对一些经过千挑万选的朋友吐露心事？
A. 是　　　　　　B. 有时　　　　　　C. 否

（6）在一群人交谈时，你是否时常发觉自己在东想西想一些与谈论话题无关的事情？
A. 是　　　　　　B. 有时　　　　　　C. 否

（7）你是否时常避免表达自己的感受，因为你认为别人不会理解？
A. 是　　　　　　B. 有时　　　　　　C. 否

（8）当有人与你交谈时或对你讲一些事情时，你是否时常觉得很难聚精会神地听下去？
A. 是　　　　　　B. 有时　　　　　　C. 否

（9）当一些你不太熟悉的人对你倾诉他的生平遭遇以取得同情时，你是否会觉得不自在？
A. 是　　　　　　B. 有时　　　　　　C. 否

评分规则：每题选"是"计3分，选"有时"计2分，选"否"计1分，各题得分相加，统计总分。

如果你的总分是22～27分，这暗示着你通常只在非常必要的时候才与人交谈，或者只在对方与你有共同兴趣时才开展对话。你不倾向于通过交谈来培养友谊，除非对方主动频繁与你联系，否则你往往保持在自己的孤独世界中。

如果你的总分是15～21分，这表明你比较渴望与他人建立友谊。在与不太熟悉的人交流时，你可能起初显得有些内向和犹豫，但随着时间的推移，你会更乐意主动交谈，一旦找到共同话题，便能愉快地交流。

如果你的总分是9～14分，这意味着你能够自如地与人交谈。你具备出色的社交技巧，懂得如何营造热情的氛围，并善于激发对方分享，使得交流双方都能感到非常舒适和愉悦。

训练单元三　如何沟，才能通

单元学习思维导图

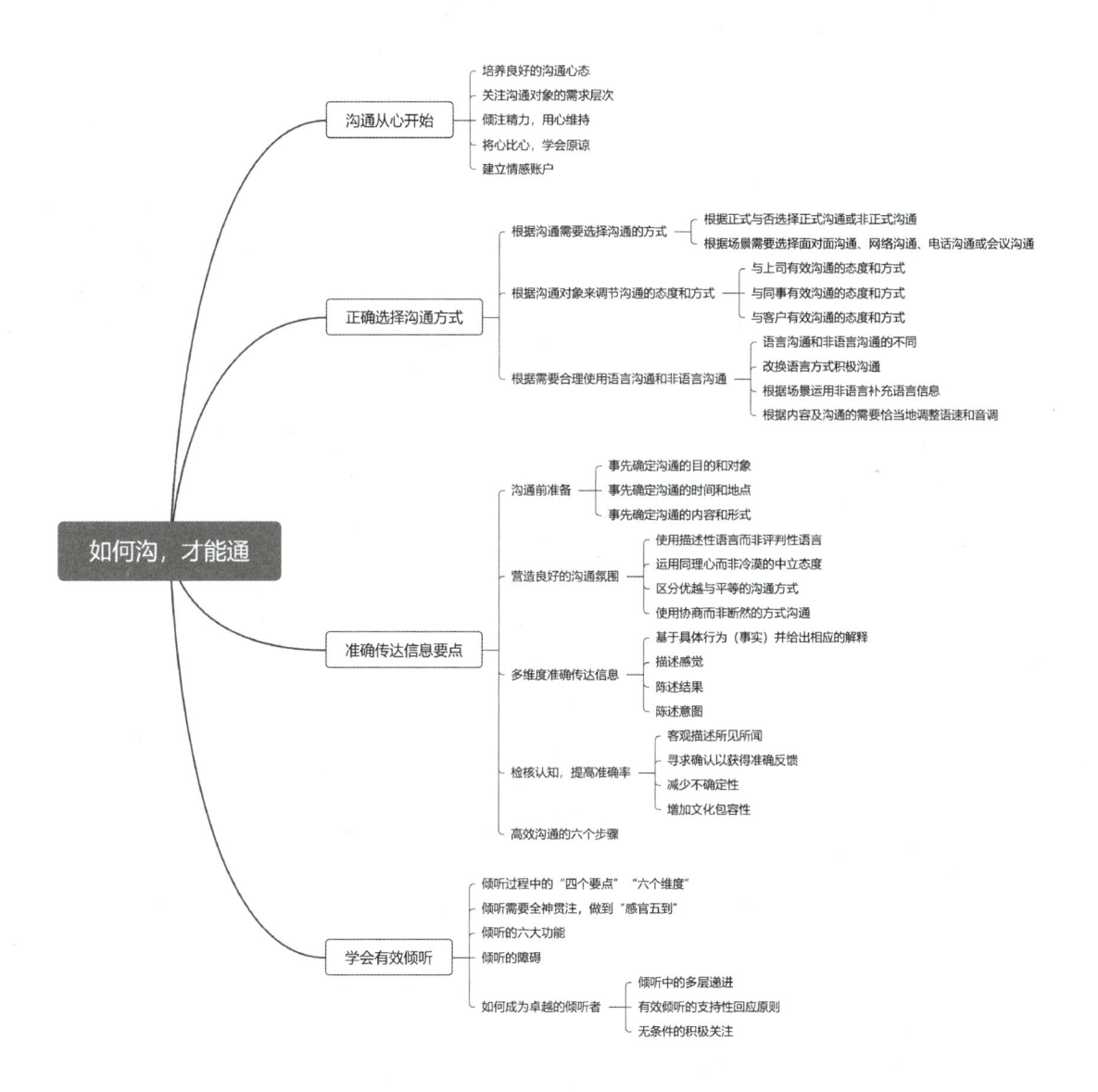

- **如何沟，才能通**
  - **沟通从心开始**
    - 培养良好的沟通心态
    - 关注沟通对象的需求层次
    - 倾注精力，用心维持
    - 将心比心，学会原谅
    - 建立情感账户
  - **正确选择沟通方式**
    - 根据沟通需要选择沟通的方式
      - 根据正式与否选择正式沟通或非正式沟通
      - 根据场景需要选择面对面沟通、网络沟通、电话沟通或会议沟通
    - 根据沟通对象来调节沟通的态度和方式
      - 与上司有效沟通的态度和方式
      - 与同事有效沟通的态度和方式
      - 与客户有效沟通的态度和方式
    - 根据需要合理使用语言沟通和非语言沟通
      - 语言沟通和非语言沟通的不同
      - 改换语言方式积极沟通
      - 根据场景运用非语言补充语言信息
      - 根据内容及沟通的需要恰当地调整语速和音调
  - **准确传达信息要点**
    - 沟通前准备
      - 事先确定沟通的目的和对象
      - 事先确定沟通的时间和地点
      - 事先确定沟通的内容和形式
    - 营造良好的沟通氛围
      - 使用描述性语言而非评判性语言
      - 运用同理心而非冷漠的中立态度
      - 区分优越与平等的沟通方式
      - 使用协商而非断然的方式沟通
    - 多维度准确传达信息
      - 基于具体行为（事实）并给出相应的解释
      - 描述感觉
      - 陈述结果
      - 陈述意图
    - 检核认知，提高准确率
      - 客观描述所见所闻
      - 寻求确认以获得准确反馈
      - 减少不确定性
      - 增加文化包容性
    - 高效沟通的六个步骤
  - **学会有效倾听**
    - 倾听过程中的"四个要点""六个维度"
    - 倾听需要全神贯注，做到"感官五到"
    - 倾听的六大功能
    - 倾听的障碍
    - 如何成为卓越的倾听者
      - 倾听中的多层递进
      - 有效倾听的支持性回应原则
      - 无条件的积极关注

任务一　沟通从心开始

工作任务	沟通从心开始
建议学时	1 学时
教学模式	理实一体化
教学方法	研讨式教学 + 模拟演练
教学目标	知识目标：了解沟通对象的需求层次（马斯洛需求层次）、同理心、情感账户； 能力目标：有能力维持一段关系，能够以适当拥有宽容和同理心的状态来参与沟通； 素质目标：能够主动察觉和了解沟通对象状态，能够尊重沟通对象； 思政目标：宽以待人、严以律己，真诚地理解他人。

情景导入

扫描二维码，观看视频 3-1，体会是不是往往我们越重视理智、逻辑，就越忘记了沟通首先是心与心的对话。

想一想：为什么我们做了很多为对方好的事情却受挫呢？

视频 3-1

知识解码

苏联作家温·卡维林曾说：推心置腹的谈话就是心灵的展示，你想获得良好的沟通心态和将心比心地进行沟通吗？想要拥有良好的沟通心态关键在于关注沟通对象，关心他人的状况与难处，注意他人的需求与不便，关注他人的痛苦和问题。

案例 1

一头猪、一只绵羊和一头奶牛，被牧人关在同一个畜栏里。有一天，牧人将猪从畜栏里捉了出去，只听猪大声号叫，强烈反抗。绵羊和奶牛讨厌它的号叫，于是抱怨道："我们经常被牧人捉去，都没有像你这样大呼小叫的。"猪听了回应道："捉你们和捉我完全是两回事，他捉你们，只是要你们的毛和乳汁，但是捉住我，是要我的命啊。"

感悟：立场不同，所处环境不同的人是很难了解对方的感受的。因此，人际沟通时面对他人的失意、挫折和伤痛，我们应进行换位思考，以一颗宽容的心去了解、关心他人。

案例 2

一对情侣坐车去山中游玩，半途中因故下车，后来听说车开出没多远就遇到了山体滑坡，车上的乘客不少人都受了伤。女人说："咱们真幸运，下车下得及时。"男人说："不，是由于咱们下车，车子停留，耽搁了他们的行程，不然车子就不会在那个时刻恰巧经过山体滑坡的地点了。"

感悟：人际之间唯有怀有悲悯之心，自省自身行为对他人的影响，方能够设身处地为他人考虑。

案例 3

妻子正在厨房炒菜。

丈夫在她旁边唠叨不停："慢些！小心！火太大了！赶快把鱼翻过来！油放太多了！"

妻子脱口而出："我懂得怎样炒菜。"

丈夫平静地说："我只是要让你知道，我在开车时，你在旁边喋喋不休，我的感觉如何。"

感悟：虽然你是你，我是我，但你可以把我当成你，我把你当成我，人际沟通需要同理心，如图3-1所示。通过交换体验或换位思考之后，才能够充分理解他人的处境和感受，也才能使沟通和交流更加高效。

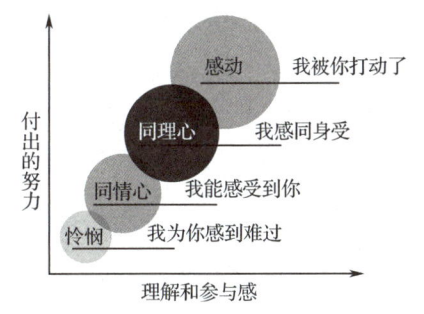

图3-1 同理心图谱

一、培养良好的沟通心态

沟通是一个由内而外的过程，需要我们关注对方的内心。为了实现更有效的沟通，我们可以学习"长颈鹿式的沟通心态"。长颈鹿因其高大的身躯和开阔的视野，能够看得更远。同时，它们的心脏较大，反应速度相对较慢。从长颈鹿身上，我们可以汲取到温和、不过激、不敏感的品质，以及它们悠闲、不伤害他人的特性。这种心态有助于建立亲和力，打开心扉，促进彼此的沟通。

为了培养这样的心态，我们需要注意以下几点：

（1）在沟通时，要就事论事，尽量避免过多的评判。

（2）保持情绪稳定和温和，不要急躁或过分敏感，需要一些钝感力。

（3）拥有宽广的心胸，对事情大大咧咧，不把烦恼放在心上。

二、关注沟通对象的需求层次

沟通是心灵的桥梁，它提醒我们需要留心沟通对象所处的需求层次。根据马斯洛需求层次理论（见图3-2），个体的动机是由多种不同性质的需求驱动的。个体在不同的生活阶段会追求不同层次的需求满足。因此，在与对方沟通时，识别对方当前的需求层次至关重要，这有助于我们在沟通中表达理解并促进交流。

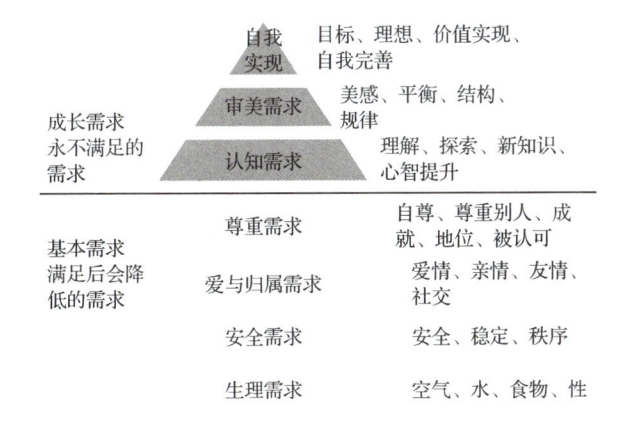

1943年，美国心理学家亚伯拉罕·马斯洛提出人共有5大需求，即【自我实现需求】【尊重需求】【爱与归属需求】【安全需求】和【生理需求】，在去世前，对需求层次理论做了进一步发展，增添了【审美需求】和【尊重需求】两种理论，后世多用发展后的理论。

图3-2 马斯洛需求层次理论

例如，当我们与下属沟通时，如果发现他们在生理和安全的需求层面已经得到满足，我们就应该在归属感和尊重的需求上引导他们设定工作目标。对于客户而言，如果他们已经满足了生理、安全、社交和尊重的需要，我们可以激发他们追求自我实现和创造完美的需要。如果我们忽视了对方当前的需求，可能会导致双方产生"道不同不相为谋"的负面感受。

三、倾注精力，用心维持

良好的沟通需要维护人际关系，并为此付出必要的努力。就像我们会保养汽车、修剪植物和打理花园，通过锻炼来保持身体健康一样，我们也需要投入时间和精力来维护人际关系，确保关系稳定且令人满意地运行。随着我们对彼此的了解加深，沟通将变得更加有效和愉快。

那么，如何维护关系呢？可以尝试从以下几个方面开始：

（1）保持积极的态度，相互尊重，避免过多的批评。

（2）开放地讨论关系的性质，坦诚地表达你的需求和关注。

（3）通过语言和非语言的方式，让对方知道他对你的重要性，并展现对关系的忠诚。

（4）保持对彼此的关注，如果需要，可以建立一个关注彼此的朋友、家人和亲人的社交网络。

（5）完成一些共享的任务，比如在双方同意的情况下，互相帮助处理工作或生活中的琐事和责任。

四、将心比心，学会原谅

在人际沟通中，提升原谅能力有助于修复与亲人、爱人、朋友、同事之间受损的关系。当我们回想起自己也曾亏待或伤害过他人时，我们更容易宽恕他人犯下的错误。同时，原谅他人对自己也是有益的。研究表明，原谅可以减轻情绪沮丧、减少攻击行为，并提升心血管功能。

五、建立情感账户

情感账户是美国心理学家威拉德·哈利提出的概念，用以比喻人际关系中的相互信任。他把人际互动比作银行中的"存款"和"取款"：存款可以建立和修复关系，而取款则可能使人们的关系变得疏远。

存款指的是让对方感到开心、被欣赏、被肯定，或是做了一些能令对方高兴的事情。

提款指的是让对方感到伤心、受挫、痛苦，或感到被误解、被批评、被伤害。

存款丰厚：即使出现问题，也能因为之前的积累而被原谅，能将大事化小，小事化了。

债台高筑：如果关系已经赤字连连，任何一点小事都可能演变成大问题。

1. 如何存款（充值）以保持情感账户充足

（1）理解他人，设身处地为其着想。

（2）注重小节，用小事展现关怀。

（3）信守承诺，言出必行，树立可靠形象。

（4）表明期望，促进双方理解与配合。

（5）正直诚恳，赢得对方信赖。

（6）勇于承认错误并道歉，展现成熟与担当。

（7）以情感人，用真挚情感温暖人心。

（8）不吝赞美与鼓励，它们是打开心扉、增进关系的魔法钥匙。学会欣赏与赞美，能够迅速拉近心与心的距离，营造和谐、融洽、轻松的沟通氛围，是建立信赖与深厚关系的有效途径。

2. 如何具体化赞美

（1）从否定到肯定的转变，突出对方的成长与进步。

（2）及时捕捉并赞美对方的得意之事，分享喜悦。

（3）敏锐发现对方的细微变化，并给予正面反馈。

（4）主动问候，用简单却温暖的话语拉近距离。

（5）与自己做对比，记住对方的特别之处，让赞美更加贴心与个性化。

知识加油站

基于 DISC 性格与气质类型的社交沟通策略

在探讨人际交往的奥秘时，DISC 性格分析方法为我们提供了一扇深入理解他人性格的窗口。由美国心理学家威廉·马斯顿博士创立的这一方法，不仅权威且专业，被广泛应用于多个领域，以指导我们更有效地与他人互动。

DISC 性格分析揭示了每个人内在是由四种基本性格特质组成的复杂组合。这些特质在每个人身上以不同的比例存在，其中一至两种特质尤为突出，主导着我们的社交风格和行为模式。DISC 性格类型、特点与对应沟通策略如表 3-1 所示。

D 型（支配型）：这类人通常果断、自信，适合领导岗位和业务前沿。与他们沟通时，应直接、明确，展现你的专业素养和解决方案。

I 型（影响型）：他们热情洋溢，善于交际，适合需要互动和创意的工作。与 I 型人沟通时，应保持积极态度，倾听他们的故事，并给予认可和鼓励。

S 型（稳健型）：温和、体贴，是团队中的稳定器。与 S 型人沟通时，应展现出耐心和同理心，尊重他们的意见，并寻求共识。

C 型（谨慎型）：注重细节，喜欢深思熟虑。他们适合需要精确和逻辑分析的工作。与 C 型人沟通时，应提供充分的信息和数据支持，尊重他们的分析过程，并耐心等待决策结果。

表 3-1　DISC 性格类型、特点与对应沟通策略

类　型	特　点	适合职业	沟通策略
D 型	直接、结果导向、喜欢挑战	政治家、律师、高管、企业家等	直接且聚焦结果，避免冗长的前置谈话
I 型	社交、开放、乐观	教育训练、演艺、传播、客服等	开放友好，多使用赞美和肯定，营造轻松氛围
S 型	稳定、合作、避免冲突	教师、社工、行政人员、秘书等	注重建立信任，表现出耐心和关怀，避免过于直接或强硬
C 型	细致、逻辑、重证据	软件工程师、数据分析师、作家、管理顾问等	提供充分数据和逻辑支持，避免情绪化语言，强调准确性和细节

气质，作为人格特征的另一重要方面，也深刻影响着我们的沟通方式。不同气质类型的人在沟通中展现出独特的情感特征和行为模式。为了更有效地与他人沟通，我们需要识别并适应这些差异。气质类型、特点与对应沟通策略如表 3-2 所示。

表 3-2 气质类型、特点与对应沟通策略

类　　型	特　　点	沟通策略
胆汁质	热情、易怒、直率	直接和坦率，避免过于激烈的对抗
多血质	外向、活泼、善于交际	轻松幽默，利用社交能力促进交流
黏液质	稳重、耐心、可靠	保持耐心，尊重对方的思考和处理时间，避免急促和压力过大
抑郁质	敏感、深思熟虑、保守	表现出理解和同情，提供支持和鼓励，避免过于批评或冷漠

拓展链接

皮格马利翁效应

皮格马利翁是古希腊神话里的一个人物，擅长雕刻。他精心用象牙雕刻了一位美丽的姑娘，倾注了全部的精力和热情，并爱上了她，希望雕像能够成活。爱神感其所诚，使象牙姑娘获得了生命，并让他们结为夫妻。

皮格马利翁效应又称罗森塔尔效应、期待效应，暗示在本质上，人的情感和观念会不同程度受别人下意识的影响，人们会不自觉地接受自己喜欢、钦佩、信任和崇拜的人的影响和暗示。该效应是由美国著名心理学家罗森塔尔和雅格布森在小学教学上予以验证提出的。他们在某学校先对学生做了一项智力测试，然后在这些学生中随机抽了一定比例的学生，并让教师相信这些学生智商比较高，使教师对这些孩子的更高发展产生期望。几个月后又进行了第二次智力测试。结果发现，被期望的学生明显比其他学生在智商上有明显的提高。可见，教师的期望会传递给被期望的学生并产生鼓励效应，使其朝着教师期望的方向变化。这个实验的效应与希腊神话中皮格马利翁的故事很相似，所以这一现象就被命名为皮格马利翁效应。

你期望什么，你就会得到什么，你得到的不是你想要的，而是你期待的。只要充满自信地期待，只要真的相信事情会顺利进行，事情往往就会顺利进行。成功的人一般都具有自信的态度，从内心相信好的事情会发生。这就是心理学上所说的皮格马利翁效应。

依恋理论

依恋理论是由英国精神病学家 John Bowlby 首先提出的心理学理论。依恋理论比较强调父母（尤其是母亲）对待孩子的方式，对孩子的发展会产生很大影响。依恋模式可归纳为三种：安全型依恋模式、矛盾型依恋模式、回避型依恋模式。

安全型依恋模式的人，倾向于信任他人，认为自己是被爱的、是安全的，长大后会更自信地沟通，与老师、同伴和其他人都能维持有效的关系。

矛盾型依恋模式的人，不易于信任他人，缺乏内在的安全感，情绪不稳定，而且还非

常敏感，总是处于一种矛盾情绪中，与人相处比较计较，易自卑，较难维持与他人的有效关系。

回避型依恋模式的人，缺乏安全感，不会轻易相信别人，个人边界感强，不喜欢与人沟通，很难有真心朋友，喜欢独居及自己处理问题，恐惧社交。

人际沟通中理解他人的依恋模式类型也容易更好地以一种相适应的方式进行沟通。

牛刀小试

1. 如果你已经考取驾照，请尝试从行人和非机动车驾驶人的角度提炼出五条或以上的不妨碍他人通行的注意事项。

2. 学习赞扬和肯定

我最欣赏_____同学的勤奋，具体表现：_____。

我最欣赏_____同学的机智，具体表现：_____。

我最欣赏_____同学的爱心，具体表现：_____。

我最欣赏_____同学的勇敢，具体表现：_____。

我最欣赏_____同学的细致，具体表现：_____。

我最欣赏_____同学的谦和，具体表现：_____。

我最欣赏_____同学的韧劲，具体表现：_____。

我最欣赏_____同学的正直，具体表现：_____。

跟影视学沟通

扫描二维码，观看视频 3-2，体会如何增强沟通的力量。

想一想：这个视频给你什么启发？

视频 3-2

游戏互动

场景模拟：一家贸易公司前往某高校进行校园招聘面试

场地布置要求：

桌椅摆放应适合面对面交流；

在明显位置设置公司宣传标识；

准备公司资料供应聘者参考；

提供水和纸杯供应聘者使用；

确保场地安静且无干扰。

招聘方代表：某贸易公司人事部经理，简称"方先生"。
应聘方代表：某院校应届毕业生，简称"郑某"。

方先生：请问，你叫什么名字？

郑某：_____。

方先生：请问，你为何要来本公司求职？

郑某：_____。

方先生：贸易的范围很广，如果你被分派去仓库工作，那是既需要体力又不能很好发挥专长的，你是如何看待的？

郑某：_____。

方先生：为什么呢？

郑某：_____。

方先生：我注意到你的简历中提到了在学校时有迟到的情况。在我们公司，准时上班是非常重要的一项要求。对此，你有什么看法或者应对措施？

郑某：_____。

方先生：你有没有应征其他公司？

郑某：_____。

方先生：如果本公司录取你，你会怎么做？

郑某：_____。

任务二　正确选择沟通方式

工作任务	正确选择沟通方式
建议学时	1学时
教学模式	理实一体化
教学方法	研讨式教学＋模拟演练
教学目标	知识目标：了解根据沟通的需要来选择沟通的方式、根据不同的对象来调节沟通态度和方式；了解语言和非语言沟通的处理； 能力目标：能够选择合理的沟通方式，对不同的对象能用恰当的态度来进行沟通，有能力把握沟通的节奏； 素质目标：有使用不同载体来选择沟通方式的意识，具有较好的非语言觉察力；提升服务意识，体现主动、负责、耐心的沟通意识。

情景导入

在职场中，我们往往将50%～80%的工作时间倾注于沟通之上：无论是参与会议、会见客户、进行拜访、谈判协商、组织座谈、开展面试，还是通过电话、传真、电子邮件，乃至利用微信群、钉钉群等工具进行交流。沟通无处不在，它是我们职业过程中的重要技能之一。因此，能否根据不同情境选择合适的沟通方式，对职业发展至关重要。

知识解码

你会选择恰当的沟通方式吗？

1. 一位信徒问和尚："师父，我在念经的时候，可以边念边吃零食吗？"和尚自然是直截了当地予以拒绝："绝对不行，这是对佛祖的不敬，你怎么会有这样的想法！"另一位信徒则是这样问的："师父，我吃零食的时候，也可以念经吗？"和尚听完，十分欣慰地回答："当然可以，你真是个有修行心的好弟子。"

2. 一对夫妻因琐事争执，决定分房而睡，并约定通过纸条交流。一晚，丈夫在妻子的枕边留条："明早7点有会议，请叫醒我。"次日，丈夫醒来发现已过8点，怒气冲冲地去质问妻子，却发现她已出门。无奈返回卧室，发现枕边有妻子的纸条："懒鬼，都7点了还不起！"

感悟：沟通方式决定了沟通的效果。面对不同的情境，选择适合的沟通策略至关重要，不恰当的沟通方式往往难以达到预期的交流目的。很多时候，沟通的艺术就在于调整表达方式，用对方易于接受的话语传达信息，这样更容易赢得对方的认同与支持。

不同沟通方式各有优势和劣势，往往需要匹配相适应的需要和场合才能取得良好的沟通效果，因此要根据沟通的需要来选择沟通方式，同时在沟通的过程中要随时根据沟通对象来调节沟通的态度和方式。此外，不管选择哪种沟通方式，都要注意语言沟通和非语言沟通的合理使用，以保证沟通效果最大化。

一、根据沟通需要选择沟通的方式

1. 根据正式与否选择正式沟通或非正式沟通（见表3-3）

表3-3 正式沟通与非正式沟通对比

项　目	正式沟通	非正式沟通
定义	在正式场合或通过官方渠道进行的沟通，通常有记录或归档	在非正式场合或通过个人渠道进行的沟通，通常更自由、更不拘小节
使用情境	官方会议、书面报告、公开演讲、官方文件等	日常对话、社交媒体交流、团队休息时间、非正式会议等
沟通风格	更加正式和结构化，注重礼仪和规范	更加随意和自然，强调真实性和即时性
语言和表达	使用准确的专业术语，避免使用俚语和非官方表达	可以使用日常语言和俚语，表达方式更加直接和个性化
效果	有助于确保信息的准确性和权威性，但可能不够灵活	有助于建立亲密关系和信任，提高沟通的开放性和灵活性，但可能缺乏官方记录
示例	年度业绩报告、政策公告、员工绩效评估等	工作间隙的闲聊、团队建设活动、工作相关的社交媒体帖子等
注意事项	需要确保所有表述清晰、准确，符合组织标准和法规要求	需要保持职业素养，即使在非正式场合也要注意言辞的影响和后果

2. 根据场景需要选择面对面沟通、网络沟通、电话沟通或会议沟通（见表3-4）

表3-4　面对面沟通、网络沟通、电话沟通或会议沟通对比

沟通方式	适用范围	优点	缺点
面对面沟通	适宜见面沟通的情况	效率高，信息准确	时间和空间上都有要求，不够及时
网络沟通	适宜网络联系的情况	快速传递，不受时空限制，信息量大	单向传递、不够及时，容易信息过载（网络视频等同于面对面沟通，除外）
电话沟通	适宜电话联系的情况	效率较高，不受空间限制	时间上有要求，不够及时
会议沟通	适宜多人同时沟通的情况	可多人一起沟通，提高决策效率	线下会议对于时间、空间要求相对较高；网络会议对于时间和网络要求较高

二、根据沟通对象来调节沟通的态度和方式

1. 与上司有效沟通的态度和方式

（1）态度：
⊙保持尊重，耐心倾听。
⊙深入理解上司，灵活调整沟通方式。
⊙明确职责范围，避免越权行事。
⊙积极主动请示，及时且全面汇报工作进展。
⊙独立思考，避免盲目服从，适时提供建设性意见。

（2）方式：
⊙事先预约，确保沟通时间，并遵守约定。
⊙认真倾听上司意见，表达时力求简洁明了。
⊙聚焦问题本身，就事论事，适时结束讨论以保持效率。

（3）向上司请示汇报的原则关键词：
⊙表达清晰：逻辑连贯，语言准确恰当。
⊙轻重有序：优先汇报重要事项，条理清晰。
⊙准确简洁：数据准确无误，表述精练高效。

2. 与同事有效沟通的态度和方式

⊙ 把握界限，免谈心事；
⊙ 不涉隐私，不揭人短；
⊙ 真诚建议，合作为上；
⊙ 彼此尊重，有错致歉；
⊙ 适时赞美，懂得感恩。

3. 与客户有效沟通的态度和方式

⊙ 推销自我，建立信任；
⊙ 营造和谐，耐心磋商；
⊙ 适当提问，解决疑惑；
⊙ 关注需要，提供选择；
⊙ 面对不足，诚意补偿。

三、根据需要合理使用语言沟通和非语言沟通

1. 语言沟通和非语言沟通的不同（见表 3-5）

表 3-5　语言沟通与非语言沟通的对比

沟通方式		使用情境	优　　点	缺　　点
语言沟通	书面沟通	书面通知、报告、信件、授权书、项目章程、实施方案、微信、钉钉文件传输等	有证据，可长期保存，周密，逻辑性强，条理性清晰	耗时，延迟滞后，反馈慢，需要保管
	口头沟通	谈话、讲座、讨论、演讲、聊天、电话等	信息传递快，快速灵活，约束少，反馈及时	容易忘记，沟通过程和结果没有证据，易成为谣言
非语言沟通	标志语言	聋哑人手语、裁判手势等	直接、迅速传递情绪和态度，增强面对面沟通效果，跨越语言障碍，反映真实想法	容易被误解，不同文化背景下非语言信号的含义可能存在差异
	身体语言	面部表情、手势、身体位置、动作、服饰等		
	副语言	重音、声调、哭、笑、停顿		
	物体语言	物体运用、空间利用、环境布置		

备注：一般语言沟通都伴随着非语言沟通，而非语言沟通很少伴随语言沟通，非语言沟通能起到语言沟通不能达到的效果。

2. 改换语言方式积极沟通

在优化表达时，我们注重将消极或绝对化的语言转化为积极、建设性的表述，同时确保搭配的合理性，如强调"能"而非"不能"，如表 3-6 所示。

表 3-6　强调"能"而非"不能"

负面描述	积极描述
时间这么短，我肯定来不及	如果能再多给我些时间的话，我也许能完成
你不把事情说清楚，我也没办法	如果你把事情说得清楚一些，我也许能想到办法
这些东西太重了，我一次搬不上去	这些东西有点重，我可以分几次搬上去

此外，在人际交往中，我们常常需要拒绝他人的请求，但直接的拒绝往往可能伤害

到对方的感情。这时，我们可以采用委婉的拒绝方式，以减少对对方情感的影响。请参见表3-7，了解如何在不同情境下灵活运用替代型、过失型和遗憾型等拒绝策略。

表3-7 委婉拒绝不伤情分的沟通

类 型	特 点	示 例
替代型	拒绝后给出替代方案	我今天还有工作要完成，如果你不急的话，明天我可以帮你邮寄
过失型	勉强接受反而会给对方造成不便	我从小体育就是弱项，参加比赛可能会拖后腿
遗憾型	感情上过意不去	因为我个人原因帮不了你，我很抱歉

3. 根据场景运用非语言沟通补充语言信息

非语言沟通，这一超越口头与书面语言的交流方式，涵盖了手势、面部表情、眼神、姿态、声音等多重维度，如表3-8所示。它以其独特的方式，在传递信息时展现出无可替代的力量。

表3-8 常见非语言沟通的含义

身体语言	示 例	沟通含义
手势	挥手、竖大拇指、握拳	问候、赞成、力量和决心
面部表情	微笑、皱眉、眨眼	友好、不悦、亲密或暗号
眼神	直视、避免眼神、频繁眨眼	感兴趣、不安、紧张或欺骗
姿态	直立、前倾、交叉手臂	自信、专注、防御或关闭
声音	音调升高、语速加快、停顿	紧张、兴奋、思考或不确定

（1）场景与行为的契合性：非语言沟通在特定场景中的表现往往直接映射出行为的意义。例如，在盥洗室刷牙被视为日常习惯，而在大街上刷牙则显得格格不入，这种差异无须言语，即可清晰传达出"正常"与"异常"的界限。

（2）特殊情境下的无声力量：在某些情感深沉的场合，非语言沟通更能触及人心。面对同伴的悲痛，默默的陪伴、轻柔的背部抚摸，这些无声的行为远胜过千言万语，它们传递的是深切的安抚、真挚的关怀，以及"无论何时，我都在你身边"的坚定承诺。同样，在喧闹的群体中，一个扫视全场的眼神便能迅速传达出"准备就绪，即将开始"的信号，而在人海中，高举衣物挥舞的动作则是"我在这里"最直接的呼唤。

（3）在线交流中的非语言元素：随着科技的发展，非语言沟通在虚拟世界中也扮演着重要角色。如视频通话和网站上的照片及打字时使用的表情符号和表情图标都在传递非语言信息。沟通者对于别人应该何时回复自己的帖子、邮件和短信有一定的预期，如果对方的回复延迟了，他们往往会做出消极的解读。

4. 根据内容及沟通的需要恰当地调整语速和音调

语速和音调在沟通中起着至关重要的调节作用，它们不仅能够影响沟通的氛围，还能在一定程度上同步双方的情感状态。沟通双方往往会受到彼此情绪的影响，产生情感共鸣。因此，通过有意识地调整语速和音调，可以更好地引导沟通的方向和氛围，如图3-3所示。

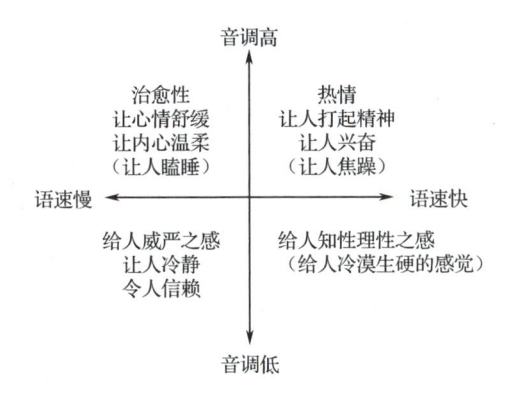

```
              音调高
               ↑
   治愈性       │   热情
   让心情舒缓   │   让人打起精神
   让内心温柔   │   让人兴奋
   （让人瞌睡） │   （让人焦躁）
 语速慢 ────────┼──────── 语速快
               │
   给人威严之感 │  给人知性理性之感
   让人冷静     │  （给人冷漠生硬的感觉）
   令人信赖     │
               ↓
              音调低
```

图 3-3　语速和音调对沟通的影响

沟通工作室

请以小组为单位，结合线上学习经历，主题讨论网络课程的形式及优缺点分别是什么。参考答案，如表 3-9 所示。

表 3-9　网络课程的形式及优缺点

分　类	形　式	优　点	缺　点
单向沟通	只有发送者发送信息，接收者接收信息	传递速度快，意见统一，时间易于控制	缺乏反馈，观点可能片面
双向沟通	发送者和接收者经常互换角色，直到沟通完成	参与度高，反馈信息能完善沟通结果	观点难以统一，分散，时间和精力投入更多，不易控制

拓展链接

求职印象管理中的非语言沟通

在求职面试的对谈中，最初几分钟的印象管理至关重要，此时非语言沟通显著影响面试官对应聘者的第一印象。以下是求职面试印象管理的三个关键动作。

（1）握手应坚定而有力，避免用力过猛。

（2）着装需得体恰当，正式的装扮能提升面试官对你可信度和社会技能的感知。基本原则是：正式优于随意，保守胜过浮华。

（3）真诚的微笑是面试中的试金石。不真诚的假笑易招致负面评价，而自然、平和的微笑以及友好、受欢迎的举止能留下良好的第一印象。

面试时非语言沟通的常见禁忌包括：表情木然、神情紧张或过于严肃，目光呆滞；行为举止不当，如过分谦恭、弯腰躬背、两手下意识揉搓、点头哈腰；回答问题时手势零碎、频度过高，显得滑稽可笑；坐姿不正，出现摇头晃脑、抖腿、架二郎腿等下意识动作。

为了在面试中展现良好状态，学生应提前准备，有意识地训练自己的沟通技巧，训练途径及理由如表 3-10 所示。

表 3-10　学生沟通训练的途径及理由

途 径	理 由
社团活动	社团是微观社会，可观察并模仿沟通能力强的同学，学习他们的沟通方式
勤工俭学	工作需要与人密切交流，有助于培养语言交流和身体接触相关的沟通能力
当志愿者	能主动扮演不同角色，学会为不同对象服务，与不同行业、职业的人沟通交流
公司实习	积累经验，适应未来工作，加强人际沟通能力和团队合作意识，公司会给予实习生展现个人能力的机会

知识拓展

沟通四大黄金法则

著名心理学家巴莱福特曾提到，他发现在与人交谈时常常不能如愿以偿。有时不经意间就说出本不想说的话，而想表达的核心观点却未能清晰传达，事后常因此感到后悔。

事实上，沟通可以变得简单，只需掌握以下四大法则：

⊙ 先说对方想听的；
⊙ 再说对方听得进的；
⊙ 然后再说你该说的；
⊙ 最后再说你想说的。

常见的五种沟通姿态

萨提亚心理学中提到生活中常见的五种沟通姿态：讨好型、指责型、超理智型、打岔型、表里一致型，如表 3-11 所示。

生活中出现频率最多的沟通姿态却是：讨好型、指责型、超理智型和打岔型。这四种沟通姿态，都很容易给彼此带来不良的沟通体验，甚至引发人际关系矛盾和冲突。而表里一致型沟通却能给人带来积极的沟通体验，我们不妨来了解一下平时我们会较多用到哪种模式，并且重新学习一致型沟通方式，帮助自己获得更积极有效的沟通体验吧。

表 3-11　常见的五种沟通姿态

内容	讨好型	指责型	超理智型	打岔型	表里一致型
语言	都是我的错、你喜欢怎么样、没事没事、我不值得	都是你的错、你到底搞什么、你从来没有做对过、我完全没有错	客观规条、复杂术语、抽象冗长、要讲逻辑、要有科学依据、需要冷静	抓不到重点、东拉西扯、随心所欲、我自己也搞不清	尊重现实、尊重自己、尊重别人
情感	祈求	在这里我是权威	固执、疏离，一定要保持冷静、沉着、不慌乱	波动混乱、满不在乎	稳定、乐观开朗、自信
行为举动	过分和善、道歉、哀求	攻击、独裁、批评、吹毛求疵	权威、顽固、不愿变更、合理化、操作固执刻板	转移注意力、不恰当的举动、心不在焉、多动、忙碌、插嘴、打扰	接纳压力和困难、应对投入、顾全大局、乐于助人
内心感受	我一无是处、毫无价值	我很孤单和失败	僵硬、表情优越	没有人当真在意，这里没有我说话的地方	有时惶恐，但充满勇气和信心，有坚强毅力，内心坦然和安稳

续表

内容	讨好型	指责型	超理智型	打岔型	表里一致型
心理反应	神经质、抑郁、自杀倾向	报复、捉弄、侮辱	强迫、社交退缩、故步自封	不合情理、混乱	合情合理、心平气和、泰然处之
躯体反应	消化道不适、胃病、恶心、呕吐、糖尿病、偏头痛、便秘	肌肉紧张、背部酸痛、循环系统障碍、高血压、关节炎、便秘、气喘等	内分泌疾病、癌症、血液病、心脏病、胸背痛	神经系统症状、胃病、眩晕、恶心、糖尿病、偏头痛、便秘	全身放松、精神抖擞、健康、充满活力

牛刀小试

1. 你有比较重要的事情需要快速联络你的家人，情况有点复杂，因为你家人今天参加比较重要的会议，有可能还要进行发言，你会选择什么样的方式既能够及时把情况告知对方，又不会打扰他呢？

2. 你了解你的沟通对象吗？

（1）如果你突然急需一笔钱，而你又没有这笔钱，你会向身边的谁借钱呢？为什么？

（2）你的男（女）朋友来找你，但是你暂时不想理他（她），你会找哪一位同学帮忙打发他（她）呢？为什么？

（3）如果你想聊天打趣，你会去找哪一位同学呢？为什么？

（4）如果你心情不好，想要找人谈谈，你会去找哪一位同学呢？为什么？

（5）如果你想讨论学业上的问题，你会去找哪一位同学呢？为什么？

（6）如果你想谈一些专业性或者严肃一点的话题，你想去找谁？

（7）如果你必须出席一个正式场合，需要正式的服装，你会去找哪一位同学借？

（8）如果你遇到一个大麻烦，你会向谁求助呢？为什么？

（9）你觉得班上最神秘的人是谁？

（10）你觉得班上最有魅力的人是谁？

（11）你觉得班上人缘最好的人是谁？

（12）你觉得班上的"好好先生"（男女都可）是谁？

跟影视学沟通

扫描二维码，观看视频3-3，体会温柔沟通的力量。

想一想：该视频给你什么启发？

视频3-3

人际沟通实务

游戏互动

体验沟通的方法有很多，当环境及条件受到限制时，你会怎样去改变自己，用什么方法来解决问题？

形式：将全体学员分成每14～16人一组

类型：问题解决方法及沟通

时间：20～30分钟

材料：手机、眼罩及小贴纸

场地：教室

操作程序：

（1）让每位学员戴上眼罩。

（2）给他们每人一个号，但这个号只有本人知道。

（3）让小组根据每人的号数，按从小到大的顺序排列出一条直线。

（4）全过程不可以说话，只要有人说话或摘下眼罩，游戏就结束。

（5）全过程录像，并在点评之前放给学员看。

思考与讨论：

1. 你是用了什么方法来通知组员你的位置和号数的？

2. 沟通时都遇到了什么问题？你是怎么解决这些问题的？

任务三　准确传达信息要点

准确传达信息要点

工作任务	准确传达信息要点
建议学时	1学时
教学模式	理实一体化
教学方法	研讨式教学＋模拟演练
教学目标	知识目标：了解沟通前准备，营造良好氛围，掌握多维度准确传达信息、高效沟通的步骤； 能力目标：能够完成准备好的沟通任务，能够通过核增加沟通的准确率； 素质目标：能够增加做事的计划性，考虑事情周详，表达精简到位； 思政目标：在工作中加强效率，精益求精

情景导入

案例1

老板：小张，财务部的报表你怎么还没有拿来？

小张：不是我不拿给你，是他们不给我啊。

老板：你怎么问他们要的？

小张：我找了小美和理理，然后他们都说忙完才给我，然后就没有然后了。

老板：你这事儿办得……

老板：小王，你现在去趟财务部，拿报表。

小王：好的，（五分钟后）老板这是你要的报表。

小张：肯定是今天他们刚好忙完了，所以小王一去就拿到了。

老板：小王，你说说你怎么拿到的报表。

小王：我找到小美，明确地说老板现在就要看到报表，要得很急，希望她五分钟内就能给我。

案例启发：职场内需要有效沟通，首先要找准沟通对象，其次要说出事情的重要性，再次要提出合情合理的要求，最后要明确时间期限。

案例2

午饭时，某公司CEO：我想买某手机。

晚饭时，下属：老大，我已经帮你买下来了。

CEO：哪个型号呀？

下属：……买下来了，花了30亿美元。

案例启发：这个沟通中存在的问题是下属没有理解上司的真正意图，误以为是购买股票，并没有跟上司核实信息。

沟通中，准确传达信息要点十分重要。比如，双方需要确认的信息点是什么，对方关注的点又是什么。要确保传递的信息是准确且完整的。

知识解码

小李跟领导沟通订机票的事情时，先跟领导表达机票难买，自己尽量订，然后又跟领导反映没有合适的航班，自己一直花时间反复挑选出发时间和航空公司，还把自己在订机票中经历的情绪波动完整地跟领导叙述了一遍。

同样的事情，小吴则在订好机票后向领导汇报，他的信息聚焦于结果：机票已订妥，并提醒领导目的地温度较低需多带衣物。他还告知已通知司机领导的飞机起降时间、行程安排及接机人的联系方式等。

案例分析：这两种沟通方式的利弊非常明显。小李的汇报与领导的需求关联不大，且带有邀功之嫌，暗示即便任务未完成也请领导看到他的努力。而高效的沟通应侧重于结果而非过程。小吴则以简洁、全面的方式完成任务，非常恰当。

由此我们认识到，与时间宝贵的领导高效沟通时，应注意以下五点。

（1）沟通前，提前做好计划和预案；

（2）沟通时，直接传达我们的诉求；

（3）传达信息时，将信息条理化、结构化；

（4）表达时，简洁明了，避免无关信息；

（5）利用"黄金八分钟"的注意力高峰期，集中展示关键信息。

一、沟通前准备

在开始沟通之前，首先要明确沟通的主题。为此，需要思考以下三个关键问题。

1. 事先确定沟通的目的和对象

（1）沟通目的：

- 我为什么要进行这次沟通？
- 沟通的真正动机是什么？
- 我希望对方在沟通后采取什么行动？
- 我的沟通目的是告知、说服、影响、教育、同情、娱乐、建议、解释，还是激发新思维？

（2）沟通对象：

- 谁是我的沟通对象（听众或读者），他们具有怎样的个性、教育背景、年龄和地位？
- 他们对信息内容的可能反应是什么，他们对主题的了解程度如何？

2. 事先确定沟通的时间和地点

- 对方在何处接收我的信息，是否方便他们查阅相关资料？
- 我的信息是如何与整个事件相关联的，我是否在回答对方的问题，这是他们第一次听到这个主题或问题吗？
- 我与对方的关系如何，信息的主题是否可能引起我们之间的分歧，气氛是紧张还是和谐？

3. 事先确定沟通的内容和形式

（1）沟通内容：

- 我想传达什么核心信息？
- 我需要说些什么，对方需要知道什么？
- 哪些信息可以省略，哪些必须包含？

（2）沟通形式（语气和风格）：

- 如何传递我的信息，应该用文字、图片，还是两者兼用？
- 哪种沟通媒介最合适，是书面还是口头，通过电子邮件、便条、电话还是面对面会谈？
- 如何组织信息的重点，应该使用演绎方法（先提重点）还是其他方式？
- 为了达到预期效果，我应该采取何种语气？

二、营造良好的沟通氛围

营造良好的沟通氛围对于清晰准确地传达信息至关重要。

1. 使用描述性语言而非评判性语言

采用问题导向的表达方式，如："我待会儿有一个重要的快递会送到，我出去办事的时候能麻烦你待在办公室吗？"这比支配导向的表达，如"你接下来两个小时最好留在这里"，更能让对方感受到尊重，也更容易获得合作。

2. 运用同理心而非冷漠的中立态度

比如，"有时事情就是会出错，没辙"（中立）与"我知道你花了很多时间和功夫在这个项目上，但还是出错了"。同样的意思，同理心的表达更具情感理解，是一种支持性的沟通态度。

3. 区分优越与平等的沟通方式

例如，避免采取优越的姿态："不，这不是这件事情的正确做法。"这可能会无意中传达出优越感，让对方产生抵触。相反，平等的姿态，如"如果你愿意的话，我可以分享一些我曾经用过的有效方法"，可能更容易被接受。

4. 使用协商而非断然的方式沟通

比如，将确定的说法"那绝对行不通"，转化为协商的方式"我认为如果你用那个方法可能会遇到麻烦"，后者的沟通更有效。

三、多维度准确传达信息

1. 基于具体行为（事实）并给出相应的解释

例如："昨天杰克承诺本周内完成新项目草案，但至今未开始，可能是其他客户问题耽搁了。"

2. 描述感觉

例如："当你嘲笑我的时候，我感觉你可能认为我的话很愚蠢，这让我很难堪。"

3. 陈述结果

可能是说话者发生了什么事："你没有告诉我房东过来询问上月房租的事情（行为），我不知道我的支票被退回了（结果），我觉得你似乎不关心我遇到的问题，也不会感激我处理这些麻烦事，这就是我为什么这么生气（感觉）。"

也可能是接收者身上发生的事："我劝过你喝慢点，但你后来又喝了四五杯酒（行为），然后你开始行为怪异、说粗鲁的玩笑，回家的路上你还坚持开车，差点撞到电话亭（结果），我觉得你已经意识不清楚了（解释），我很担心如果你再多喝点，后果不堪设想（感觉）。"

4. 陈述意图

陈述意图能够传达你所秉持的立场，也能够准确表达对他人的诉求。此外，陈述意图还可以描述未来的计划和行动，例如："如果你这次不解决这个问题，我以后不想跟你继续合作。"

四、检核认知，提高准确率

检核认知的目的是校准对他人感受和想法的理解，而非证明自己最初的想法正确。这一过程可以通过简单步骤实现。

1. 客观描述所见所闻

例如，"我注意到你这周有三天加班到晚上10点"，这是比"最近你总是加班，很少在家"更接近事实的描述。

2. 寻求确认以获得准确反馈

例如，"你现在更愿意独自看电影，而不是与我讨论家里的事情吗？"这样的询问，如果你愿意倾听，将获得更真实有效的信息，促进理解。我们只能通过显著行为假设他人动机，不代表完全理解对方。避免预设立场，如"你只要拿起手机，就忽视其他所有事情"。

3. 减少不确定性

人际沟通常伴随不确定性，影响信息传达。如有人预约工作会谈说："我明天有空。"

你可以询问:"明天你哪个时间段方便?我们可以花一小时讨论。"或者问:"明天上午十点后你是否有时间来我这里商量?"

4. 增加文化包容性

识别并尊重文化差异,有助于信息准确传达。例如,了解俄罗斯和中国芭蕾舞演员通过挥手向观众致谢,不要将其误解为自傲。文化包容性不仅有助于消除跨文化沟通中的障碍,还提醒我们即使在同一文化群体内部,也存在着丰富多样的差异,值得我们去深入了解和探索。

> **小贴士** 人际沟通中穿着打扮所传递的十种信息
>
> - 经济背景
> - 经济水准
> - 教育背景
> - 教育程度
> - 老练程度
> - 成功程度
> - 道德人格
> - 社会背景
> - 社会地位
> - 可信赖程度

五、高效沟通的六个步骤(见表3-12)

表3-12 高效沟通的六个步骤

步骤	描述
第一步:事前准备	确保沟通信息点准确、完整,无遗漏
第二步:确认需求	明确对方的关注点和角色利益
第三步:阐述观点	有效发送和表达你的信息
第四步:处理异议	商讨和妥协处理不同的意见
第五步:达成协议	完成沟通,达成共识(可能需要多次努力)
第六步:共同实施	锁定目标,反复核对并推进

拓展链接

非暴力沟通的运用

马歇尔·卢森堡博士创立了非暴力沟通(Nonviolent Communication,NVC),这一沟通方式也被誉为"爱的语言"或"长颈鹿语言"。他发现,采用非暴力沟通的方式谈话和倾听,可以促进人们之间的理解和和谐相处,更容易获得爱、和谐与幸福。他相信人性本善,而暴力行为是后天习得的。他还提出,我们所有人有共同的基本需求,人的行为是为了满足这些需求的策略。

非暴力沟通旨在通过建立联系,使我们能够理解并重视彼此的需求,进而共同寻求满足这些需求的方法。换句话说,非暴力沟通提供了具体技巧来帮助我们建立联系,提升沟通效果。

非暴力沟通是一种将爱融入生活的方式，它倡导用尊重、理解、欣赏、感激、慈悲和友情来主导生活，而非自私、贪婪、憎恨、偏见、怀疑和敌意。无论是自我对话、人际交流还是团队讨论，非暴力沟通都能促使我们保持善意，适用于各种交流场景。

如何做到非暴力沟通？

⊙ 观察发生的事情：我们要观察什么？无论是否喜欢，都要说出所发生的事情，清晰表达观察结果，不进行判断或评估。

⊙ 表达感受：如受伤、害怕、喜悦、开心、气愤等。

⊙ 明确需要：说出导致这些感受的需要。

⊙ 提出具体请求。

比如，一位母亲对儿子说："儿子，看到餐桌下的两只袜子和电视机旁的三只袜子了吗（观察发生的事情）？我不太高兴（表达感受），因为我很看重整洁（明确需要），你是否愿意把袜子拿到房间或放进洗衣机（提出具体请求）？"

牛刀小试

小张和小林均为刚毕业的大学生，所学专业为中英文秘书，学习成绩都很突出，两人同时应聘一家外企的高级秘书职位。人力资源部经理看了两人的简历之后，难以取舍，于是通知两人面试，考官让他们分别做自我介绍。

小张：我今年22岁，刚从某大学毕业，所学专业是中英文秘书，浙江人。父母均为高级工程师。我爱好音乐和旅游。我性格开朗，做事一丝不苟，很希望到贵公司工作。

小林：我的情况，简历上都介绍得比较详细了，在这里我重点汇报两点：第一，我的英语口语不错，曾利用假期在旅行社做过导游，带过欧美团，评价为优；第二，我的文笔较好，曾在报刊上发表过6篇文章。文章我都带来了，您若有空请审阅。

最后你认为人力资源部录用了谁呢？为什么呢？说出你的理由。

跟影视学沟通

扫描二维码，观看视频3-4，体会清晰的目标感带给我们的沟通体验。

想一想：该视频给你什么启发？

视频3-4

游戏互动

1. 游戏方法

（1）老师报游戏规则。

首先，请大家闭上眼睛。接下来，拿起一张纸，并将其对折。然后，撕掉右下角一个一厘米长、一厘米宽的小块。再次将纸对折，并撕掉左下角同样尺寸的小块。继续对折，这次撕掉右上角的一个一厘米长、一厘米宽的小块。现在，睁开眼睛，展开手中的纸。

（2）学生跟随老师的游戏规则一步一步操作。

（3）游戏结束后让学生观察并分享。

① 对比你周围的同伴，找到一个完全一样的。

② 分享一下为什么会这样（大部分不一样）？

2. 分享重点

（1）沟通过程中，效果在传递中有衰减（漏斗原理）。

（2）不要以为自己说什么，别人就一定会理解成什么，沟通时需要有反馈，确认沟通对象已经明确了解你所传递的内容。

（3）单向沟通（下达指令）时，不能出现沟通盲点（没有说清楚而又影响关键的点）。

任务四　学会有效倾听

学会有效倾听

工作任务	学会有效倾听
建议学时	1 学时
教学模式	理实一体化
教学方法	研讨式教学 + 体验互动
教学目标	知识目标：了解倾听过程的"四个要点""六个纬度""感官五到"和倾听的六个功能、倾听的障碍； 能力目标：能够有一定的专注力，掌握倾听技能，能够觉察和排除倾听障碍，并能恰当回应和反馈； 素质目标：能够尊重沟通对象，不轻易打断对方，具有亲和力、安全感和包容力； 思政目标：有以人为本的思想，有互相学习的意识

情景导入

苏格拉底曾言："上帝赋予人类一张嘴，两只耳朵，意在多听少说。"掌握倾听艺术，将为你开启成功沟通的另一片广阔天地。

我们为何难以倾听？回顾那些倾听失败的瞬间：或未真正关注他人话语；或全神贯注却快速遗忘；或记住信息却未准确理解；或理解了信息却未有效回应，未能将理解回馈给传递者；或关键信息未能在记忆中留下痕迹。

倾听的最大障碍是难以放下自我。我们需学会抑制急于表达的冲动，让对方感受到我们的专注与真诚。倾听需要后天努力与练习，逐渐获得与提升。

倾听之所以艰难，还在于说者与听者间的沟通差异。不同经历、文化背景及对同一词汇的不同解读，都可能成为障碍。例如，"气质"一词在心理学与日常生活中的含义迥异。

知识解码

案例：受欢迎的韦恩

韦恩是罗宾见到的备受欢迎的人士之一。他总能收到邀请，经常有人请他参加聚会，共进午餐，担任客座发言人，打高尔夫或网球。

一天晚上，罗宾碰巧到一个朋友家参加一次小型社交活动。他发现韦恩和一位漂亮女士乔坐在一个角落里，出于好奇，罗宾远远地注意了一段时间。他发现，那位年轻的女士一直在说，而韦恩好像一句话也没有说。他只是有时笑一笑，点一点头，仅此而已。几小时后，他们起身，谢过男主人，走了。

第二天，罗宾问韦恩："昨晚那位女士完全被你吸引住了，你是怎么做到的？"

韦恩回答说："很简单，主人把她介绍给我，我只对她说：'你的皮肤晒得真漂亮，在冬季能这么漂亮，你是怎么做到的？你去了哪里？阿卡普尔科还是夏威夷？'

"'夏威夷，'她说，'夏威夷永远风景如画。'

"你能把一切告诉我吗？"我说。

"当然，接下去的两个小时她一直在谈夏威夷。今天她还打电话给我，说我是个有意思的谈伴，但说实话，整个晚上我没说过几句话。"

案例启发：韦恩受欢迎的秘诀是什么？很简单，只是让乔谈自己。尊重别人，让对方认为自己足够重要，并且得到满足，让对方有兴致地谈自己的兴趣、事业、高尔夫、成功、家庭、孩子、旅行等。

在人们共同认为的沟通问题中，不会倾听或许排在第一位。而倾听像任何其他技巧一样，必须要通过学习和实践才能获得。

一、倾听过程中的"四个要点""六个维度"

1. 倾听过程的"四个要点"

（1）真诚专注，全心投入：确保身心皆在对话中，展现对对方的尊重与兴趣。

（2）耐心梳理，把握精髓：细心整理接收到的信息，准确捕捉对方话语中的关键点。

（3）拒绝分心，消除干扰：避免诸如频繁看表、翻阅文件、随意涂鸦、打断对方或操作手机等分心行为。

（4）适时提问，有效回馈：通过恰当的提问与反馈，展现你的理解与关注，促进对话的深入。

2. 倾听过程的"六个维度"

（1）听到（生理维度）：接收声音的基本过程，需考虑环境噪音对听觉的影响，调整语速、音量及清晰度以适应对方。

（2）专注（心理维度）：集中注意力于对话内容，筛选有效信息，同时鼓励说话者充分表达，维护倾听者的角色定位。

（3）理解（认知维度）：确保所理解的信息与说话者意图一致，避免先入为主的偏见，必要时请求澄清。

（4）回应（情感维度）：通过眼神交流、表情互动等非语言方式，给予说话者积极的反馈，增强沟通效果。

（5）记忆（记忆维度）：高质量的倾听依赖于良好的记忆能力。认识到记忆的局限性，采取策略巩固重要信息。

（6）反馈（互动维度）：用自己的话复述对方意思，进行核对，不仅确认理解无误，也表达个人感受与思考，促进更深层次的交流。

二、倾听需要全神贯注，做到"感官五到"

倾听要求我们全身心地关注对方，采用一种专注的态度，让对方感觉到被重视和尊重，进而愿意开放心扉，充分表达自己。这"五到"包括：用耳倾听、用脑思考、用眼观察、用嘴提问、用心感受。

（1）用耳倾听：认真聆听对方的话语，不遗漏任何细节。

（2）用脑思考：对所听内容进行思考和理解，深入分析信息的含义。

（3）用眼观察：观察对方的非语言行为，如肢体语言和面部表情，以便更全面地理解信息。

（4）用嘴提问：适时提出问题，澄清不明之处，展示自己的参与和兴趣。

（5）用心感受：用心体会对方的情感和立场，从而产生共鸣和更深的理解。

三、倾听的六大功能

（1）促进友好沟通：通过倾听，我们能够维持和谐的对话氛围。

（2）表达尊重：认真倾听使对方感受到被尊重和重视。

（3）获取信息：倾听帮助我们收集更多有价值的信息。

（4）洞察真实需求：倾听有助于揭示对方的真实需求和期望。

（5）缓解冲突：通过倾听可以平息他人的愤怒，调和矛盾。

（6）发现问题：倾听有助于识别问题并处理不同意见。

四、倾听的障碍

倾听过程可能受到多方面的干扰，这些干扰既可能源自发送者（如口齿不清、逻辑混乱），也可能来自接收者（如知识背景差异、心理偏见、忽视语境理解），还可能由环境因素（如嘈杂的背景、通信中断）或人为因素（如被打断）造成。

要成为一位合格的倾听者，在常见的沟通情景中需要避免以下倾听障碍：

（1）在别人讲话时想着自己的事或同时处理多项任务。

（2）被背景噪音或其他干扰分散注意力。

（3）被动倾听，缺乏积极回应或保持沉默。

（4）只关注对方所说的话，忽视对方的感受。

（5）因个人偏见而拒绝不同的观点，急于辩驳、插话或打断他人。

（6）过分专注于某个细节，漏掉对方表达的整体意义。

（7）只听取自己感兴趣或期望听到的内容。

（8）未听完就急于评价或回应，表现出不耐烦。

（9）仅理解表面意思，忽略更深层次的含义。

五、如何成为卓越的倾听者

1. 倾听中的多层递进

（1）构建安全氛围：营造一个让对方感到安全无虞的环境。

（2）专注与连接：移除所有干扰物，全神贯注于对方，辅以适当的眼神交流，展现你的专注与尊重。

（3）深入理解：努力捕捉对方话语背后的真实意图，通过提问与复述来确认自己的理解无误。

（4）观察非语言信号：细心观察对方的面部表情、肢体语言等微妙信号，以更全面地理解其情绪与感受。

（5）情感共鸣：在理解对方情绪与感受的基础上，给予真诚的确认与认可，建立情感连接。

（6）引导与启发：适时提问，引导对方探索新的视角，帮助其超越固有思维框架。

2. 有效倾听的支持性回应原则

（1）认可努力而非决定：肯定对方的付出，而不必完全赞同其结论。

（2）关注反馈：留意对方对你支持性回应的反应，灵活调整沟通策略。

（3）适度支持：理解过度支持可能适得其反，保持适度的鼓励与理解。

（4）正视挑战：认识到倾听不仅是机遇，也是自我挑战与成长的过程，可能伴随苦恼与风险。

3. 无条件的积极关注

卡尔·罗杰斯是人本主义心理学的代表人物，他强调无条件积极关注与以来访者为中心的治疗方式。他认为，人具有自我成长的潜能，过度的指导与评判反而不利于问题的解决。在倾听过程中，即使不同意对方的观点，也应保持尊重，不轻易评价，展现对对方本质的接纳与关怀。

全神贯注地倾听，通过面部表情、开放的空间、恰当的肢体语言（如点头、微笑、目光接触）传递你的专注与理解，鼓励对方自由表达。同时，以空杯心态面对不同的信念与价值观，保持中立，鼓励对方在充分支持与鼓励的环境中，实现自我探索与高质量的沟通。

拓展链接

人际沟通中的 PAC 理论

人际沟通中的 PAC 理论，也称为交互作用分析理论、人格结构分析理论或人际关系心理分析，是一种系统的心理治疗方法，旨在促进个人的成长和改变。

个体的个性是由三种不同的心理状态构成的：父母（Parent, P）、成人（Adult, A）、儿童（Child, C）。这三种状态在每个人身上都交互存在，构成了人类的复杂天性。各沟通状态的特征及其优缺点如表 3-13 所示。

表 3-13 各沟通状态的特征及其优缺点

状 态	特 征	优 点	缺 点
父母（P）	提供指导、支持、保护	提供安全感、指导和保护	可能过于控制，限制自主性
成人（A）	注重事实，善于客观分析，理性决策	促进有效沟通，增强问题解决能力，提高决策质量	可能过于理性，忽略情感需求
儿童（C）	情绪化，易冲动，具有创造性	增加亲和力，激发创造力	可能导致情绪波动，行为冲动，决策不稳定

父母状态（P - Parent）反映了教导、批评或保护的角色倾向。虽然通常在特定情境下（如对方处于脆弱状态时）才显现，但父母状态的存在为关系提供了必要的支持与指导。这种状态下的沟通旨在提供安慰、建议或规则，以维护关系的稳定与和谐。

成人状态（A - Adult）的特点是注重事实和善于进行客观理智的分析。处于这种状态的人能够从过往经验中汲取教训，评估各种可能性后做出决策。当人格中的成人状态占优势时，其行为表现为冷静、审慎、尊重他人。在交流时，这种人倾向于说："我个人的想法是……"成人状态之间的沟通如图 3-4 所示。

儿童状态（C - Child）类似于婴幼儿时期的冲动行为，表现为顺从和易受他人影响。情绪波动大，时而可爱，时而脾气暴躁。当人格中的儿童状态占据主导时，其行为表现为在面对困难时退缩，情绪化，反复无常，缺乏深思熟虑。在交流时，这种人常说："我猜想……，我不知道。"

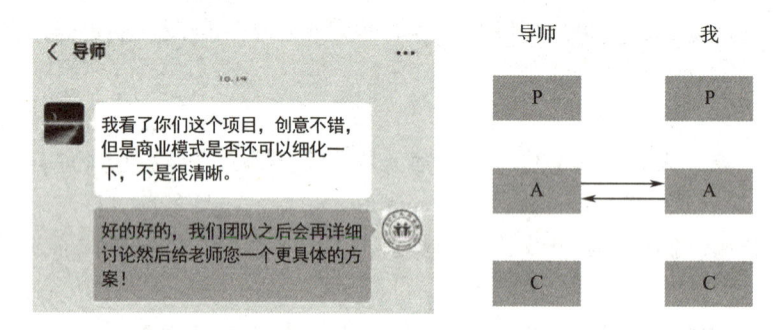

图 3-4 成人状态之间的沟通

PAC 理论强调在人际交往中，这三种状态并非孤立存在，而是根据情境与需求灵活转换与交织。理解并恰当运用 PAC 理论，有助于提升个人沟通技巧，促进更深层次的人际关系理解与和谐。

牛刀小试

1. 课堂体验：倾听和复述（跟同桌成为一组）。

表达要求：

（1）微笑和专注的神情，注意倾听，不打断对方。

（2）尝试互相复述对方的信息。

（3）互相反馈对方所说的是否是自己的意思。

每个人必须先把前一位发言人所说过的想法和感觉正确地复述一遍，直到该发言人认为满意然后才可以表达自己的意见。

练习：

（1）选择你最常碰到的倾听障碍。

（2）做一个记分表：记录你一天内多少次出现这种倾听障碍。

（3）记录你在与谁交流时最常遇到这种倾听障碍。

（4）记录什么话题或情境最容易触发你的这种障碍。

2.识别并评估你的倾听障碍。对生活中的重要人物，思考并记录下你常遇到的典型倾听障碍。注意对于不同人你可能面临不止一种障碍，尝试列出你曾遇到的所有倾听障碍，并将结果填入表3-14中。

表3-14 倾听障碍

领　域	对　　象	障　　　　碍
工作	老板	
	同事	
	下属	
亲属	母亲	
	父亲	
	兄弟姐妹	
家庭	配偶	
	子女	
朋友	最好的朋友	
	同性朋友	
	异性朋友	
	室友	

沟通能力测试

每个人都会偶尔在倾听中犯错。你可能也遇到过优秀的倾听者和那些几乎不倾听的人。为了识别自己的倾听类型，请自问以下问题，并将答案填入表3-15中。

表3-15 倾听习惯自我评估表

序号	问　　题	常常（C）	有时（S）	从不（N）
1	你曾经做错作业，而班上其他人都正确吗？			
2	你曾经要求老师重新解释他在班上留的作业吗？			
3	你曾经因为没有仔细听某人指路而迷路吗？			

续表

序号	问题	常常（C）	有时（S）	从不（N）
4	你的同学曾经因为你问一个刚刚解答的问题而嘲笑你吗？			
5	你曾经问过一个经讨论后发现没什么要做的问题吗？			
6	你曾经因为受到某事的干扰而没有倾听得很好吗？			
7	你曾经因为没有倾听而受到谴责吗？			
8	你曾经因为忘记了别人指的路而当你需要见某人时发现自己在错误的地方吗？			
9	你曾经即使别人告诉你寻找的位置也找不到东西吗？			

这些问题的回答揭示了你的倾听习惯和潜在的沟通效果。多次选择"常常"或"有时"可能表明你的倾听方式有待改进。许多人在完成问卷后，会惊讶地发现自己并不如预想的那样善于倾听，这种自我认知是提升倾听能力的重要第一步。

跟影视学沟通

扫描二维码，观看视频3-5，体会倾听的力量和效果。

想一想：该视频给你什么启发？

视频 3-5

游戏互动：倾听与反馈

1. 游戏目的：
（1）培养人际关系中的基本技能——倾听。
（2）理解倾听和反馈在人际交流中的作用。
2 游戏步骤：
（1）玩家分成三人一组。
（2）每组轮流扮演说话者、倾听者和观察者的角色，每次轮换一人。
（3）每位玩家都需要体验这三种角色，以理解每个角色的视角和感受。
（4）角色描述如下：
说话者：在五分钟内主动引入和展开各种话题。
倾听者：仅扮演聆听和回应的角色，不主动引入任何新话题。
观察者：不参与对话，只专注于观察两人之间的互动。
（5）完成交流后，小组成员进行经验分享，说话者和倾听者分享彼此的感受，观察者则报告其观察到的互动情况。

训练单元四　沟通有禁忌

单元学习思维导图

沟通有禁忌
- 忌盛气凌人、滔滔不绝
  - 做到尊重与谦逊
  - 避免自我服务偏差
  - 避免陷入与不同对象的沟通禁忌
    - 与朋友沟通禁忌与适宜方式
    - 与同事沟通禁忌与适宜方式
    - 与客户沟通禁忌与适宜方式
    - 职场沟通常见忌语
- 忌缺乏信任、侵犯隐私
  - 选择信任，避免无端猜测
  - 尊重他人，避免侵犯隐私

沟通有禁忌

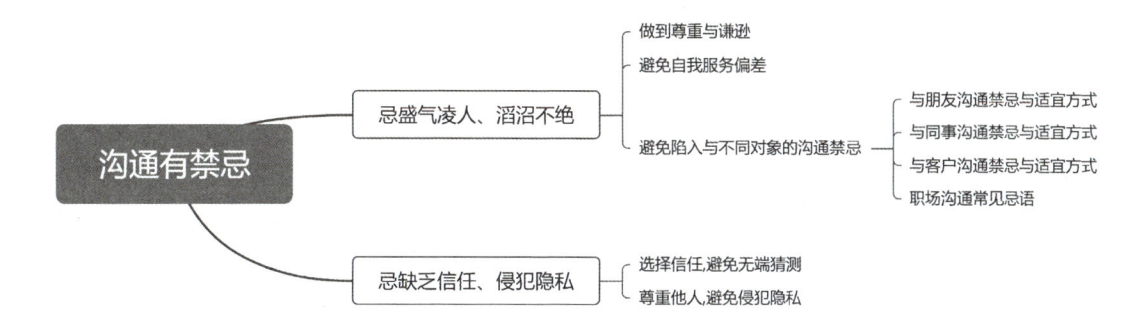

任务一　忌盛气凌人、滔滔不绝

工作任务	忌盛气凌人、滔滔不绝
建议学时	1学时
教学模式	理实一体化
教学方法	研讨式教学 + 案例分析
教学目标	知识目标：了解自我服务偏差和与朋友、同事、客户的沟通禁忌； 能力目标：能够有分寸地表达、平等地表达和沟通； 素质目标：养成温和平等的态度、适可而止的分寸感； 思政目标：培养平等尊重的合作意识。

情景导入

扫描二维码，观看视频4-1，体会我们在沟通时时常出现口不对心的表达，明显违背了初衷，结果无意中还是伤害了对方。在合作中三思而后"言"会有更好的沟通效果。

视频感悟：职场中心直口快、嘴快于心是否就是真诚无伪的表现呢？在合作中是否需要三思而后"言"呢？

视频4-1

知识解码

在与人沟通时，我们会不自觉地盛气凌人、滔滔不绝吗？得意忘形时，我们会目中无人、自我炫耀吗？

滔滔不绝

校园案例：

20岁的大二女学生严某，目前学业成绩稳居班级前三名，并担任学习委员一职。她性格外向，个性鲜明，思维敏捷活跃，然而，她的沟通方式却成了人际交往中的绊脚石。严某常因言语间透露出的盛气凌人、自以为是，以及争强好胜的态度，即便成绩斐然，也难以赢得老师和同学们的喜爱。在交流中，她倾向于咄咄逼人，言辞尖刻，不顾及他人感受，往往将对话引向争辩乃至争吵，难以达成平和有效的沟通。

严某内心深处已意识到自己的问题所在，感受到由此带来的痛苦，并渴望改变现状，获得师生们的理解和接纳。然而，她的同学多选择保持距离，而作为学习委员，她的工作也常因缺乏合作而受挫，这让她备感沮丧，甚至萌生了辞职的念头。她不解自己的一片好意与努力为何得不到认可，多次因此落泪。她究竟在沟通中出了什么问题呢？如何帮她摆脱困境？

案例感悟：严某在沟通中的核心问题在于缺乏平等与尊重的态度。她的盛气凌人不仅阻碍了信息的顺畅交流，也伤害了周围人的情感，导致人际关系紧张。正如古人所言，"盛气凌人者，不可交"，她的行为模式让人难以亲近，影响了沟通的效果和人际关系的建立。

职场案例：

李丽常驻上海，以其精明能干著称，但同时也因脾气较大而令人敬畏。当林慧刚升任广州办事处行政主管时，一不小心就得罪了李丽，随即便接到了李丽的斥责电话。李丽的责备虽未涉及粗俗言辞，却依旧让林慧感到迷失方向。面对这种情况，林慧只得频频点头，如同鸡啄米一般，急忙表示："我刚到这个岗位上，很多东西还不熟悉，请您多提醒指点我，我才不会犯错。"林慧因此感到极度郁闷，始终无法掌握处理问题的要领，每次李丽的电话响起，她就紧张得神经紧绷，生怕再次遭到责骂，不知道自己可能犯了什么错。如今，她面临的问题是，她无法正确地做出判断。

案例感悟：在职场中，如果我们总是试图让别人仅仅听从自己，抱着既定的立场进行沟通，那么即使对方迫于权力表面服从，也不会激发出真正的合作意愿。长此以往，他人只会敷衍应对，而不会真正分享他们的想法。

家庭案例：

某家长收到了来自孩子的心声，信中这样倾诉道："我感觉到，只有当我遵循你的要求时，我才能得到你的尊重。如果我明白你不是在随意命令我，那么当你叫我时，我会更乐意回应。但如果你总是摆出高高在上的姿态，像个专横的老板，你最终只会发现自己受挫。每当你反复提醒我你为我所做的一切，你也许应该做好准备面对更多的失望！你可以大声抱怨和责骂，但我仍不会去完成你要求的任务。即使你现在改变方式，我也需要时间来忘却那些不愉快。"

案例感悟：在家庭互动中，如果家长采取盛气凌人的态度要求合作，那么很难得到孩子的积极响应。即使是孩子也会表现出自我保护的行为。案例中的孩子对于家长请求合作的方式感到敏感，并指出了家长在使用一种难以促进合作的方式——不尊重。这种态度最终往往会导致反抗和抵触。

一、做到尊重与谦逊

盛气凌人的态度往往会引发对方的强烈情绪反应，从而大大降低沟通效率，导致关系陷入僵局，沟通受到严重阻碍。只有通过充分理解和尊重对方的立场，我们才可能打开有效沟通的大门。

在中国古代，墨子的学生子禽曾向墨子询问："老师，您认为多说话有好处吗？"墨子以比喻回答："看看那些生活在水边的蛤蟆、青蛙和苍蝇，他们日夜不停地叫声以显示自己的存在，但人们却对它们的声音充耳不闻。相比之下，公鸡仅在黎明时分啼叫，却能引起人们的注意并标志新一天的开始。由此可见，说话的关键不在于数量，而在于质量和时机。"听完墨子的教诲后，子禽深表赞同。

还有一个笑话关于一个诗人保尔·尼森，他在妻子的墓志铭上写道：

此处有个女人在此长眠，
生前极爱说话的她，
身为丈夫的我，
请求走过此地的人们，
尽量放低声音说话，
否则聒噪的她可能再度苏醒。

这个笑话反映了过度说话甚至会留下负面的长久印象。

沟通的目的是达成共识，但采用命令式的言辞，如利用权威或威胁来强迫对方行动，往往适得其反。我们日常可能未察觉的盛气凌人的口头禅也会成为沟通的障碍，可能导致不欢而散或制造敌意。常见盛气凌人的口头禅如表4-1所示。

表4-1 常见盛气凌人的口头禅

体现优越感	威胁对方	呵斥对方
你不懂，我比你懂	你最好这样，否则……	笨蛋

续表

体现优越感	威胁对方	呵斥对方
这个我比你清楚	我只给你两个选择	废话少说
你有问题	如果你不能,就别怪我要……	怎么乱说话
你思维太幼稚了	三天完不成就辞职吧	闭嘴
这个不要你教	不想干就滚蛋	没规矩

此外,在人际沟通中自我炫耀是一大忌讳。法国著名哲学家罗西法考说:"想要树敌,就表现得比朋友优越;想要交朋友,就让朋友显得更优越。"当我们展现谦虚、承认每个人都有局限,并在适当的时候展示自己的才能,我们不仅能够获得他人的信任,还能更容易地获得合作。美国石油大王勒克菲勒曾提醒自己:不要自满,要时刻小心。

在沟通中保持谦逊、尊重他人并把握正确的沟通时机,是建立良好人际关系和有效沟通的关键。

小贴士 如何恰当地表达

口头沟通,避免打断别人,保持淡定,听对方把话说完,甚至可以确认下,对方已经表述完毕,再表达自己的观点,以免听一半产生误解,同时也是对说话人的尊重。恰当的表达应该:
- 急事慢慢地说,小事幽默地说;
- 没把握的事谨慎地说,没发生的事不要胡乱说;
- 做不到的事不要说,伤害人的事不能说;
- 伤心的事不要见人就说,别人的事小心地说;
- 自己的事听别人怎么说,尊长的事情多听少说。

二、避免自我服务偏差

许多人在沟通中未能清楚认识到自身的问题所在,往往将沟通不畅归咎于他人或其他外部因素。这种倾向被称为"自我服务偏差"。

"自我服务偏差"根植于人心理上的一种自我保护本能,它导致人们对沟通问题的认知出现偏差,最终无法识别沟通中的实际问题。这就是为什么即使言辞流畅、表达自如的人也可能未能实现有效沟通的原因。由于认知过程的固有局限和动机的影响,外界信息在大脑加工时可能产生错误和偏差。其中,"自我服务偏差"常导致人们主观判断对方的心理和行为,以过度自利的视角解释问题原因,进而影响沟通效果。因此,意识到这种倾向后,我们应有意识地避免因过度的自我服务偏差而引发的沟通障碍。

三、避免陷入与不同对象的沟通禁忌

1. 与朋友沟通禁忌与适宜方式（见表 4-2）

表 4-2　与朋友沟通禁忌与适宜方式

禁　忌	适宜方式
神态僵硬，姿势不当	表情自然、声音柔和、专注倾听
语言琐碎，逻辑混乱	简明扼要、清晰切题
随意抢话，打断对方谈话	耐心倾听、适时回应、谨慎评论
说三道四，评头论足	尊重他人，基于事实
过多夸耀自己，频繁使用"我"字开头	多用"你"，表达对对方的兴趣和关心
随意用词，妄下断语	真诚温和地提出想法
喋喋不休，忽视他人感受	引导对话，保持适当沉默
说话虎头蛇尾，草率结束	把握时机，适时结束话题

2. 与同事沟通禁忌与适宜方式（见表 4-3）

表 4-3　与同事沟通禁忌与适宜方式

禁　忌	适宜方式
工作场合耳语	表现大方，保持职场礼仪
失声大笑，打扰他人工作	简明扼要、清晰切题
说长道短，评论是非	耐心倾听、适度回应、谨慎评论
大煞风景或过分严肃	轻松愉快，协调气氛

3. 与客户沟通禁忌与适宜方式（见表 4-4）

表 4-4　与客户沟通禁忌与适宜方式

禁　忌	适宜方式
编造事实，缺乏诚信	坚守事实，维护诚信
话语冗长，重复拖沓	用词简洁、概括明了
有始无终，无结论	始终连贯，确保落实
仅在需要时沟通	主动联系，保持互动
自我中心，不留余地	换位思考，留有余地

4. 职场沟通常见忌语

职场沟通中，一些不恰当的言辞可能会给人留下不良的印象。因此，我们需要时刻注意自己的语言表达方式。职场沟通常见忌语如表 4-5 所示。

表 4-5 职场沟通常见忌语

忌 语	给人印象	转换语言
那不是我的工作	不负责任，缺乏团队精神	做完我手头的事情我可以去做
我不能（想）和他一起工作	缺乏合作精神，难以相处	我想办法争取对方的合作
我不知道	推卸责任，不专业	不好意思，我马上去看
干得好兄弟们	性别偏见，关系界定模糊	干得好伙伴们
这不公平	抱怨，缺乏大局观	看来我要接受挑战了

拓展链接

超限反应

当某一刺激对个体的作用时间过长、强度过大或频率过高时，会导致神经细胞进入抑制状态，引发极度不耐烦的心理体验。心理学上将这种现象称为"超限反应"。面对喋喋不休、循环往复的唠叨，人们往往会自动关闭耳朵，阻止信息的进一步输入。因此，无论说话者多么努力地表达，听众却可能完全不予理会。这就是为什么我们经常能观察到，越是重复地说教，效果反而越差，形成一种无效的互动模式。

牛刀小试

错误的沟通方式可能会将原本正面的意图转变为令人沮丧的"吃力不讨好"的行为。

想象一下，如果你在工作中犯了些错误，而你的上司以如下方式与你沟通，你会有怎样的感受？

"为什么老是不按照我说的去做呢？你总是把我的话当作耳旁风。"
你的感受是_____
如何说你更加容易接受呢?_____

"你这种不听话的人，一辈子都进步不了。"
"我就没遇见过你这么笨的人，告诉你多少遍了都记不住。"
你的感受是_____
如何说你更加容易接受呢?_____

"你该知道现在的经济形势不好找工作吧，还不好好干活？"
你的感受是_____
如何说你更加容易接受呢_____

"你还真是个'天才'，这个程序居然能让你写成这样，我无语了。"
你的感受是_____
如何说你更加容易接受呢_____

"你看小张，人家比你后来的，进步都比你快，你自己好好反省一下吧。"
你的感受是_____
如何说你更加容易接受呢_____

续表

"我不管你用什么样的方法,反正今天下班前我要见到你做的方案。"
你的感受是_____
如何说你更加容易接受呢_____

跟影视学沟通

扫描二维码,观看视频 4-2,体会盛气凌人的谈话带来的糟糕结果。
想一想:该视频给你什么启发?

视频 4-2

游戏互动

三个人一组,分别表演 A、B、C。

A 模仿领导,找下属谈话。

B 模仿下属,听领导谈话。

C 作为观察者和记录员。

A 寻找一个话题展开谈话,注意对方的反应,当对方做暂停的姿势时,需要调整自己说话的方式。

B 需要针对 A 谈话的内容关注自己内心的感受,当感受到自己开始走神、抗拒、辩解、生气的时候,可以举手做暂停的姿势,并且反馈给对方自己感受的情绪是怎样的,便于对方调整沟通的方式,直到能够继续沟通下去。

C 作为观察者和记录员,在一旁记录暂停的次数以及自己的观察结果,在结束后反馈给 A 和 B。讨论哪些感受和 B 是一致的,哪些是不一致的。

一轮沟通结束之后可以互换角色,重新体会沟通中的感受和反应。

任务二　忌缺乏信任、侵犯隐私

工作任务	忌缺乏信任、侵犯隐私
建议学时	1 学时
教学模式	理实一体化
教学方法	研讨式教学 + 角色扮演
教学目标	知识目标:了解选择信任和保护隐私的必要性,掌握面对外籍同事"八不问"和保留界限的做法; 能力目标:有能力为信任做必要的尝试以及能克制住缺乏依据的主观猜测; 素质目标:有彼此尊重和界限意识,保持有节制的好奇心; 思政目标:坚持理性平和、尊重他人,不随意侵入他人的界限,侵犯他人的隐私。

情景导入

米米和小辉是大学里的好朋友，平日里她们的关系非常亲密。一天晚上下课后，米米打算去取点钱，便让小辉在外面稍等。然而，小辉没有在原地等待，而是选择跟随米米进入。在米米输入密码的过程中，小辉并未回避，甚至还动手查看了一眼余额，并对此表示惊叹。这一行为让米米感到十分不适，从此她开始逐渐疏远小辉。

这个案例反映了一个常见现象，那就是在日常生活中，人们有时会无意间侵犯到他人的私人空间，却往往没有意识到自己的行为。建立人际信任并非易事，但破坏它却极为容易。因此，学习如何尊重他人的隐私、找到恰当的相处方式显得尤为重要。

知识解码

案例1：从前有人丢了把斧子，怀疑是邻居家的儿子偷走的。他看那人走路的姿态，像小偷；看那人的面部表情，像小偷；听那人说话，还像小偷。在他眼里，对方的一举一动，都像是偷斧子的贼。后来，他在山谷里掘菜地时找到了自己的斧子，再看邻居家的儿子，觉得他的行为、表情，根本就不像是会偷斧子的人了。

案例感悟：当我们带着自己的偏见进行观察时，是无法做到客观的，并且极容易产生错误的推论。一旦我们对他人产生了怀疑和猜测时，要多给别人机会解释，保持耐心。

案例2：一个小男孩和一个小女孩在玩耍，小男孩收集了很多石头，小女孩有很多的糖果。小男孩想用所有的石头与小女孩的糖果做个交换，小女孩同意了。小男孩偷偷地把最大的最好看的石头藏了起来，把剩下的给了小女孩，而小女孩则如她允诺的那样，把所有的糖果都给了男孩子。那天晚上小女孩睡得很香，而小男孩却彻夜难眠，他始终在想小女孩是不是也跟他一样藏起了很多糖果。

案例感悟：如果你自己不能给予别人百分之百信任的话，往往也会怀疑别人是不是给予了自己百分之百信任。在生活与工作之中，我们经常遇到类似的现象。特别是同事、上级之间产生了误会，很多人不从自身找原因，却一味猜疑他人没有诚意，或者总觉得上级、同事对自己有偏见，从而导致沟通受阻，情绪受到影响，阻碍了彼此之间的沟通。

一、选择信任，避免无端揣测

人与人之间的沟通，首先在于诚信待人并且选择信任他人，少猜疑别人，才能放下自己内心的负担，增进感情，保证沟通顺畅。同时，也只有自己诚信待人，才能心安，睡得安稳。值得注意的是，重要的不是你信任多少人，而是要让自己变成一个值得信赖的人。

二、尊重他人，避免侵犯隐私

每个人都有自己的隐私，这些是不愿被外人知晓的秘密。适当的好奇心并非坏事，它是保持适度交流的重要元素。然而，过度的好奇和不恰当的关心可能变成对他人隐私的侵犯。这种缺乏界限的行为会让人逐渐疏远你，产生防范心理，从而产生隔阂。一旦我们知道了别人的隐私，应避免大肆谈论，否则会让他人觉得你不可靠，担心你也可能会泄露他们的隐私。

小贴士　面对外籍同事"八不问"

与外籍同事沟通交流时要做到"八不问",避免沟通失败。

> ⊙ 不问收入;
> ⊙ 不问年龄;
> ⊙ 不问婚姻家庭;
> ⊙ 不问身体健康状况;
> ⊙ 不问他人住址;
> ⊙ 不问个人经历;
> ⊙ 不问宗教信仰和政治观点;
> ⊙ 不问所忙何事。

小故事大道理

罗斯福在美国海军担任要职时,一位记者朋友跟他打听海军在加勒比海一个小岛上建立潜艇基地的计划。罗斯福故作神秘地向四周看了看,小声问:"你能保密吗?"记者朋友欣喜地答道:"当然能。"罗斯福笑着说:"我也能。"

故事启发:罗斯福巧妙地以对方的自我认同化解了直接拒绝的尴尬。

很多人在人际交往时往往很难把握沟通边界。隐私涉及沟通边界,边界清晰,就容易保持稳定的人际距离,矛盾冲突的解决也容易得多;反之,边界模糊不清,往往容易激发彼此的不安和敌意,引起彼此的误解,而矛盾冲突也一触即发。

拓展链接

投射效应

在日常生活中,人们往往不自觉地陷入一个误区,即将自己的想法、情感和意愿错误地投射到他人身上。比如,自己钟情的人,便误以为对方也抱有同样的好感,于是无端猜疑,甚至平添醋意;又如父母,常基于自身意愿为子女规划未来,包括选择学校与职业路径,却未充分考虑子女的真实想法。

这背后,正是心理学中"投射效应"在悄然发挥作用。投射效应,简而言之,是指个体倾向于将自己具有的特质——无论是经历、喜好、欲望、观念、情绪还是个性——投射到他人身上,错误地认为他人与自己在这些方面存在共性或相似性。这实际上是一种强加于人的认知偏差,阻碍了对他人的真实理解。

投射效应具体表现为两种形式:一是情感投射,即假设他人的情感反应与自己一致,以自己的方式去影响或改变他人;二是认知缺乏客观性,表现为对喜爱之人过度美化,之人则过分贬低,这种偏见严重扭曲了对他人的客观评价。

我们每个人都可能受到投射效应的影响，这种现象是我们在尝试影响他人接受自己观点或请求帮助时的一大障碍。对于那些希望影响他人的人来说，重要的是要认识到这种心理倾向，避免单纯地根据自己的喜好来判断他人。否则，不仅可能无法达到影响他人的目的，还可能因自己的期望和偏好被忽视或轻视而感到挫败。

自我实现的预言

如果你认为别人会以某种特定的方式行事，你可能会无意识地通过细微的线索传递你的期望，从而增加他们按照你预期行动的可能性。例如，如果你怀疑别人会拒绝你，你可能避免与他们眼神交流，皱眉，少言寡语，并采取僵硬的、自我保护的身体语言。这些行为可能促使他们做出相应的反应，从而实现你的预期。这种结果使你更加坚信自己的预期是正确的。在未来遇到类似情况时，你可能会更坚定地坚持这些预期。

我们应认识到，是我们的交际行为对他人产生了影响，迫使他们形成特定的态度。然而，我们常常认为自己只是在对他人的负面行为做出反应，而没有意识到是我们自己首先引发了这些态度。例如，病房中一些处于脆弱状态的病人经常对医生的专业能力表示怀疑，持有"没有负责任的医生"这样的预期。这种持续的怀疑可能会削弱医生的职业热情，使他们沮丧到放弃再次获得信任的希望，最终被病人视为"我就知道没有医生是负责任的"。自我实现的预言强化了这种错误的信念，而完全没有意识到是自己的无端不信任引发了对方减少"负责任"的行为。

沟通工作室（互动讨论）

开始指令：

请按以下方式开始对话：

"分享一些你认为我应该知道的关于你的事情。"结束交流时说："谢谢。"

作为倾听者，你的任务是给出上述指令，然后全心全意地聆听对方的分享，避免任何评论、赞同或反对。当对方完成分享后，回应一句"谢谢"，并再次给出指令。此过程持续5分钟，之后双方互换角色。

（这一练习旨在增强个人在沟通中的自我意识，帮助他们识别并清晰表达对自己重要的事物。）

如果信息不够清晰，你可以礼貌地询问："能否提供更多细节？"或"我希望能更清楚地了解……"，以促进更有效的沟通。记住，尊重此过程并注意措辞，以避免误导或误解。

第二个指令：

熟悉第一个指令并成功表达个人信息后，尝试将焦点转向一个对你特别重要的具体主题，例如金钱、性、疾病、虐待、酗酒、吸烟、人生目标、育儿、婚姻、死亡或衰老等。这次的交流应针对选定的主题稍作调整。

例如："分享一些你认为我应该知道的关于你与金钱的事情。"结束时同样说："谢谢！"

完成交流后，相互分享感受和体验。

🚀 牛刀小试

案例1：一年夏天，天气大旱，眼看着辛苦播种的庄稼都要旱死了，农夫甲和农夫乙经过商议，决定修建一条水渠将山上水井里的水引下来灌溉庄稼。于是他们决定分别从地头和井口向中间挖，农夫甲从水井那段挖起，农夫乙从地头那段挖起，他们的老婆负责做饭和送饭。

第一天活干完了，农夫甲这边土比较多，他挖了五丈，农夫乙这边石头比较多，所以才挖了两丈，两个人都累坏了。

农夫甲的老婆对农夫甲说："你今天挖了五丈远，而农夫乙才挖了两丈远。"农夫甲想："他该不会是在故意偷懒吧？"明天我得少挖一些。

农夫乙的老婆对农夫乙说："农夫甲今天挖了五丈远。"农夫乙想："我明天要继续加油啊！"

第二天活干完了，农夫甲挖了四丈远，农夫乙挖了三丈远，晚上，农夫甲的老婆对老公说："今天农夫乙挖了三丈远。"农夫想："我偷懒都挖了四丈，他才挖三丈，太过分了。"

农夫乙的老婆对农夫乙说："你知道吗？农夫甲昨天挖了五丈，今天才挖了四丈远。"农夫乙想："昨天能挖五丈，而今天却挖了四丈，农夫甲今天肯定偷懒了，明天我也少干点。"

就这样，当他们终于把水渠修完时，庄稼早就旱死了。

从这个故事我们得到什么启示呢？如果重新来过，怎么样沟通可以避免悲剧的发生？

案例2：小丁去朋友家，朋友正在做家务，她就坐在朋友的电脑前，打开了她的电脑，然后开始上网查看朋友硬盘里的文件。当时朋友心里很不高兴，感觉小丁没有经过同意就乱翻自己的东西，但是因为关系很熟，碍于面子，没有开口说她。虽然当时朋友很忙碌，但是朋友认为既然小丁来了，坐在那儿不走，也只好在旁边陪着她。小丁开始抱怨男友家不舍得拿出钱来办一场豪华一点的婚礼，说一辈子不办这样一场婚礼简直就是耻辱。在她絮叨的时候，朋友终于失控了。因为朋友结婚的时候就是只举办了一个非常简单的婚礼，现在她那么说，朋友心里很难受，不知道小丁是什么用意，于是很生气地说："是的，没让老公给我举办豪华的婚礼，这真是我人生中的'耻辱'"。小丁看出朋友真的生气了，就告辞回家了。

这个故事在沟通过程中出现了什么样的问题，从而引发了最后的结局。

🎬 跟影视学沟通

扫描二维码，观看视频4-3，体会沟通中侵犯隐私带来的侵入感受。

想一想：该视频给你什么启发？

视频4-3

游戏互动

信任考验

目的：增加成员间的相互信任

过程：指导员让成员就下列事件选择其中一个，写在纸上。

（1）最怕发生的事。

（2）最不敢想的事。

（3）最不容易忘记的事。

（4）从未告诉过别人的事。

写完后，请其中一位朗读自己所写的内容，如果某件事情不愿意公开，问他是否可以告诉其他人，愿意告诉谁，并说明原因。然后其他成员发表意见，说说自己各自的想法，认为这件事可以告诉谁，看看这个人与其他成员的选择有无区别，为什么。团体成员依次发言。

思考：

（1）通过这个游戏，对团体成员间的信任有什么变化？

（2）团体内哪些行为防碍团体成员彼此间信任？

（3）为获得别人的信任可以怎么做？

狗仔队角色扮演

将所有人进行分组，每组两人。

培训师问：在小组里谁愿意做A，剩下的做B？

选A的代表八卦杂志的记者，俗称狗仔队，选B的代表被采访的明星。A可以问B任何问题，B必须说真话，也可以不回答。时间是三分钟，不可以记笔记。三分钟后角色互换。

游戏讨论：该游戏可用于沟通游戏中，跟陌生人进行交往的练习。谈话的内容分几个层次，最外层的谈话是对客观环境的交谈，第二层就是一些谈话者自身的一些话题，例如"你的家庭状况如何呀，你是哪里人呀？"等，第三层就更深一层，会涉及个人隐私部分等敏感话题，比如对金钱的态度、个人能力等。

模块二 沟通技能训练

训练单元五　电话沟通技能

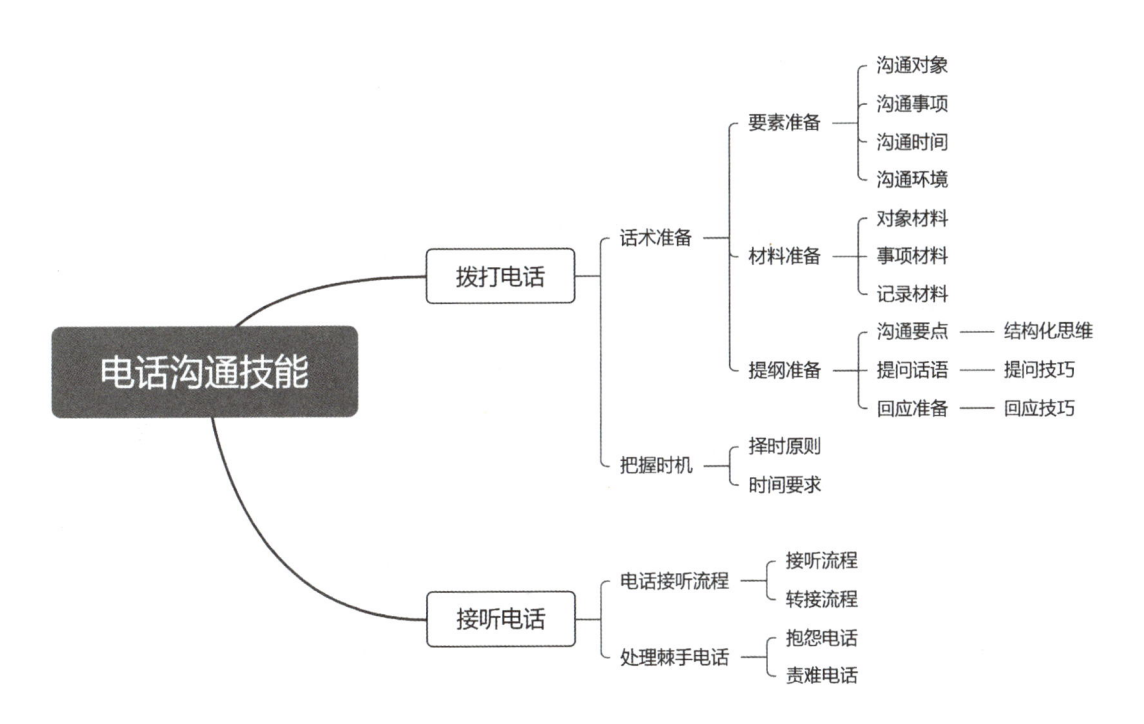

单元学习思维导图

```
电话沟通技能
├── 拨打电话
│   ├── 话术准备
│   │   ├── 要素准备
│   │   │   ├── 沟通对象
│   │   │   ├── 沟通事项
│   │   │   ├── 沟通时间
│   │   │   └── 沟通环境
│   │   ├── 材料准备
│   │   │   ├── 对象材料
│   │   │   ├── 事项材料
│   │   │   └── 记录材料
│   │   └── 提纲准备
│   │       ├── 沟通要点 —— 结构化思维
│   │       ├── 提问话语 —— 提问技巧
│   │       └── 回应准备 —— 回应技巧
│   └── 把握时机
│       ├── 择时原则
│       └── 时间要求
└── 接听电话
    ├── 电话接听流程
    │   ├── 接听流程
    │   └── 转接流程
    └── 处理棘手电话
        ├── 抱怨电话
        └── 责难电话
```

情景导入

扫描二维码，观看视频 5-1，思考为何视频中的 Merry 和 Sherry 分别就相同的事宜展开电话沟通，沟通的效果却差异极大？

视频 5-1

任务一　话术准备

工作任务	话术准备
建议学时	2学时
教学模式	理实一体化
教学方法	启发式教学+模拟演练
教学目标	知识目标：掌握拨打电话之前的要素准备、材料准备和提纲准备基本知识； 能力目标：能够运用结构化思维进行通话要点准备，熟悉沟通中常用的提问和回应技巧，学会制作通话记录单； 素质目标：通话之前能做到细心、悉心准备，提高通话效率； 思政目标：尊重通话对象，以积极心态和良好情绪通话。

俗话说"不打无准备之仗"，打电话也如此。进行电话沟通之前，先行展开话术准备不但是必要的，而且是必须的。

解码沟通

以下是一个有关电话促销的故事，想一想：这次沟通为什么会失败呢？

夏雨琳是某公司的电话销售员，这天，她给一位客户打电话："陈女士，您好，我公司最近新出了一种洗发水，您感兴趣吗？"

客户说："洗发水？有什么特点？适合什么发质的人用？"

夏雨琳说："你等等啊，我找找这个资料，您别急……噢，找到资料了，这款洗发水是纯中草药萃取的精华……适合有大量头皮屑、掉发、脱发的人使用……"

客户早就不耐烦："好啦，我还有事呢，先挂了啊。"

知识加油站

话术准备一般包括要素准备、材料准备和提纲准备。其中，要素包括沟通对象（人）、沟通事项（事）、沟通时间（时）和沟通环境，材料包括对象材料、事项材料和记录材料，提纲包括沟通要点、提问话语和可能问题及回应等。具体如下。

（1）要素准备：沟通对象（与谁沟通）、沟通事项（为何事沟通）、沟通时间（何时沟通）、沟通环境（环境是否安静，电话信号是否好，沟通情绪是否正常）。

（2）材料准备：沟通对象基本情况（姓名、单位、职务等），涉及事项的基本情况（要点、事实或数据）并尽量拓展，记录材料（纸笔或录音设备）。

（3）提纲准备：沟通要点、提问话句、可能问题及回应。

拓展链接

沟通要点准备的结构化思维[①]

在注意力稀缺时代，精简而高效的表达在沟通中尤为重要，这就需要以简明扼要、清晰易记、令人信服的方式来传递信息，结构化表达就是实现这个沟通目的的利器。在结构化表达中，经典的结构是芭芭拉·明托在《金字塔原理》中提出的金字塔结构，具体如图5-1所示。

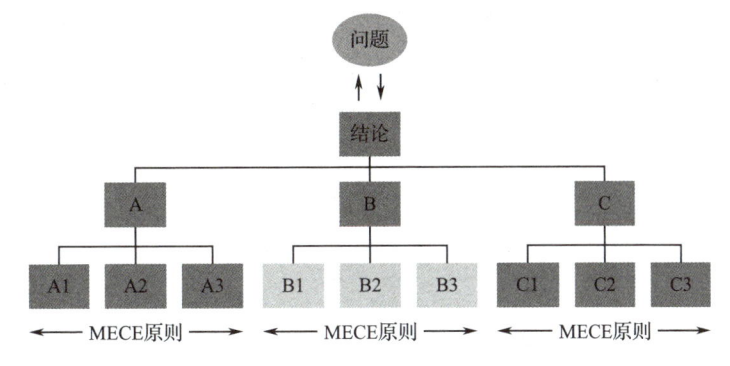

图 5-1　金字塔结构

其中，MECE原则是分类原则，来自麦肯锡咨询公司，意思是相互独立（mutually exclusive）、完全独立（collectively exhaustive）。

金字塔结构有4个原则：结论先行、以上统下、归类分组和逻辑递进。

✓ 结论先行：聚焦中心，先讲结论。
✓ 以上统下：上一层统领下一层，下一层支撑上一层。
✓ 归类分组：相同属性事物放同一组，类别相互独立，不重不漏。
✓ 逻辑递进：按逻辑递进顺序（如时间顺序、空间顺序、重要性顺序、演绎顺序）表达。

另外，结构化表达强调框架思维，如5W2H（见图5-2）、SWOT（见图5-3）等框架简单易用，运用在沟通中既便于清晰表达，又有利于沟通双方清晰思考和清晰记忆。

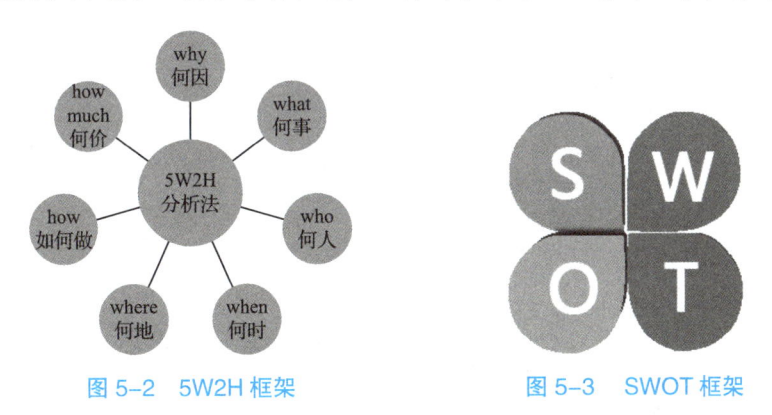

图 5-2　5W2H 框架　　　　图 5-3　SWOT 框架

其中，SWOT框架来自麦肯锡咨询公司的SWOT分析，包括分析企业的优势

[①] 综合参考黎甜《思维结构化》，北京：文化发展出版社，2019年；黄漫宇《结构化表达：如何汇报工作、演讲与写作》，北京：机械工业出版社，2020年。

（Strengths）、劣势（Weaknesses）、机会（Opportunities）和威胁（Threats）。

沟通中的提问和回应技巧

一般而言，沟通中常用的提问和回应技巧主要包括根据提问类型与功能（见表5-1）巧妙提问、特别注意避开提问禁忌(见表5-2)和根据对方反馈采取正确的回应方式(见表5-3)。

表5-1 沟通中的提问类型与功能

提问类型		提问功能	范例
引导式提问	开放式提问	收集广泛性信息	您想要什么产品呢
	半开放式提问	收集指定性信息	您想要什么品牌的手机呢
	封闭式提问	确认或引导对方思维	您想要华为P60手机还是P50手机
回应式提问		主动回应对方，澄清对方想法	（对方：希望你们尽快完成）请问您希望我们什么时间完成

表5-2 沟通中的提问禁忌

常见提问禁忌	带来的影响
过度使用封闭式问题	不给对方选择权，引发对方反感
涉及私人问题	不尊重对方，引发对方抵触
连串式提问	不给对方思考时间，引发对方不愉快
反问式提问	不尊重、不信任对方，引发冲突

表5-3 沟通中的回应类型与注意事项

回应类型	范例	注意事项
简单回应	哦。是的。对的。没错。好的	语气要积极肯定；避免机械回应；注意回应的时机（重要的事情要回应、每两句话要回应）
复述回应	时间是明天下午三点对吧	对方讲的要点要复述、确认
情感回应	（对方：听说你们这里不错，我想过来看看）感谢您对我们的信任！非常欢迎	形成情感互动与交流

牛刀小试

销售成功的秘诀何在？

一位销售人员，晚上穿着睡衣要休息了，突然想起一位约定的重要客户的电话还没有打。他马上爬起来，换上衬衫，打好领带，洗洗脸，照照镜子，坐在客厅的沙发上给客户打电话。他老婆说："都要睡觉了，至于这么折腾吗？穿个睡衣打电话又能怎样？"他说："客户能从我的声音里听出来！"

一位女销售员喜欢在电话前放一面镜子，每次打电话前，她就会本能地照照镜子，下意识地整理衣服和头发，保持良好的姿态和仪容，让自己保持微笑。三年后，这个女销售员成了公司的金牌销售员，升为销售经理。

从以上两则故事中，你得到什么启发呢？

如何向老板电话汇报？

小达是一家公司的总经理秘书，老板吩咐她在周末安排一次与重要客户的午餐聚会。经过多次联系，小达汇总了所获得的信息：甲公司张总说本周六整天都有安排，周日可以；

乙公司王总说本周六或者周日都可以，但是周日晚上他需要早点回家；丙公司李总说他正在外地谈一个项目，周日上午才可以回来。在聚会地点方面，一个较为理想的地点是环境优雅的阳光大酒店，但小达在电话联系时被告知该商店所有包间周日已经被预订，只有一个包间在中午有两个小时的空闲。另一个可以考虑的地点是海鲜大酒店，小达电话联系时得知该酒店本周日中午还有空余包厢，但所剩不多，要订的话需要尽快。小达认为两个地点各有优缺点，需要由老板来决定。

请问，小达在向老板电话汇报聚会安排前需要如何做话术准备呢？要求：

（1）就该汇报事项，以结构化表达的方法画出汇报要点的结构图；

（2）制作一份汇报事项的可能问题列表及回答。

跟影视学沟通

扫描二维码，观看视频5-2，了解电话沟通前话术准备的重要性及准备内容。

视频5-2

风采展示馆

俗话说，"好记性不如烂笔头"，有经验的人会自制通话记录单，把话术准备工作做得更为充分，也为通话信息的及时处理提供保障。

以下是小张在通话之前制作的一份通话记录单如表5-4所示。

表5-4　通话记录单[1]

通话对象	
姓名：	单位：
部门：	职务：
办公室电话：	手机号码：
事由：	是否说清楚（在"是"或"否"后打勾）
1.	是　　否
2.	是　　否
3.	是　　否
对方答复情况：1.　　2.　　3.　　4.	
处理情况：	
备注：	
需跟踪事项：1.　　2.　　3.　　4.	

---

[1] 参考陈嫦盛《秘书沟通》，深圳：海天出版社，2007年。

游戏互动

游戏背景：HR 在筛选完简历后，准备电话通知候选人进行面试时，一般都会通过电话事先沟通一下。通过简短的电话沟通来初步筛选出适合的人选，并给予其面试机会，从而提高面试的效率。

游戏内容：电话沟通角色扮演——互换角色。

人员：3 人一组，一人扮演 HR，一人扮演候选人，一人扮演观察员。

游戏过程：

（1）3 人按照各自角色进行准备，其中 HR 和候选人进行话术准备。

（2）HR 和候选人按照话术准备内容进行电话沟通。

（3）电话沟通完成后，观察员听取 HR 和候选人各自对于对方沟通表现的看法。

（4）观察员运用所学知识提出 HR 和候选人各自的沟通改善建议。

（5）重复以上流程，3 人互换角色再进行一次游戏。

附：沟通过程准备和观察点参考

（拿起电话，号码拨通）：

HR：您好，请问是某某先生/小姐吗？**（先确定接听电话的人是不是简历上的人，避免问了半天，才发现搞错了，闹出笑话）**

候选人：是的，我是。

HR：您好，我是某某公司人力资源部的 × 先生。**（先自我介绍，让对方知道自己的身份）**

候选人：您好。

HR：您好，我在 ×× 招聘网站上收到您投给我们公司的简历，您应聘的岗位是 ××。**（说明自己的来意）**

候选人：是的，没错。

HR：我这次打来电话，想跟您进行一次简单的电话沟通，您现在讲话方便吗？**（确定候选人员是否方便接电话，如果不方便，再约时间；如果可以，可以直接询问。）**

候选人：方便，您请说。

HR：请问，您现在是在职状态，还是离职状态？**（确定对方的求职状态，如果对方已离职，进一步询问；如果对方还在职，要考虑岗位的招聘期限与之是否相匹配。假如相差太远的话，就说明情况，可以以后联系，本次面试先取消）**

候选人：……

HR：请问，您住在哪里？**（离职很大一部分原因是上班离家太远，因此在沟通前双方先达成距离的共识）**

候选人：我住在……

HR：我们公司在 ×× 地方，距离有些远，您看这会给您上班带来不便吗？**（距离问题实在不能协调，就不要安排面试了；如果距离不成问题，可以接着问以下问题）**

HR：某先生/小姐，我看您的简历上写您曾从事了这几份工作，能说一下您的职业目标吗？**（这个问题很重要。一个人如果具有明确的职业目标和职业定位，并且能自信从容地告诉你，说明这个人对自身有比较清楚的认知。如果一个人职业目标模糊不清，或者**

自己还没考虑清楚要干什么，这种人往往做事情有头无尾，效率低，电话沟通后应毫不犹豫地取消面试）

候选人：……

HR：通过这几份工作，您感觉您有该职业的哪些专长呢？（既然有了职业目标，了解一下候选人所具备的职业目标的专长，并考察一下对方的专长是否与所招岗位的要求相匹配）

候选人：首先，我办事思路比较清晰，做事风格比较果断……

HR：能举例说明一下您最突出的专长吗？（优点必须由实际事例证明，如果候选人说的事例条理混乱、不清不楚，或者说出来的事情微不足道，都足以说明这个所谓最突出的专长是候选人编造的，这种情况可以毫不犹豫地取消面试。另外，如果对方所说的专长与岗位需求相差十万八千里，那在电话沟通后，也可取消面试）

候选人：……

HR：能不能简单讲一讲，你从事该职业时所遇到的困难？（这个问题可以测试出候选人两方面的内容。如果候选人说没有遇到过什么困难，可以判断出候选人平时做的只是一些表面的事情，很少深入地开展工作；如果候选人说的困难是一些微不足道的小事，说明候选人必存在严重的工作能力缺陷，这两种情况都可以取消面试）

候选人：……

HR：最后一个问题，您在进行工作变更时，所期望的待遇在一个什么样的范围？（最后问一下候选人的收入期望。经过前面几个问题的询问，可以大概知道候选人的职业目标及目前的职业定位。这个时候问一下收入期望，双方都能够接受。如果候选人的期望值与招聘岗位收入相差太大，还是趁早取消面试，免得双方尴尬）

候选人：……

HR：聊了这么多，您看您明天上午十点能到公司进行面试吗？（与所选岗位比较匹配的候选人，及时安排面试）

候选人：好的，没问题。

HR：我们公司的具体地址是……，您可以乘坐××路车到××站下车……（公司地址一定要说清楚。必要的话，可以将公司地址以短信的形式发给候选人）

候选人：好的，我记下了。

HR：记得来的时候，带上您的相关证件，带上……（明确告知候选人面试前要准备的资料或物品）

任务二　把握时机

工作任务	通话时机把握
建议学时	1 学时
教学模式	理实一体化
教学方法	研讨式教学＋模拟演练

教学目标	知识目标：了解电话沟通的择时原则和时间要求；熟悉闻声识机的"八不说"、"四说"和"三主动"要求；掌握电话沟通的挂电话原则；
	能力目标：能够在正确的时间段根据通话者的状态顺利完成拨打电话沟通事项；
	素质目标：能够主动察觉和了解沟通对象状态，能够尊重沟通对象；
	思政目标：能够主动关心、关怀沟通对象，使对方感到愉悦。

俗话说，有效沟通就是在正确的时间以正确的态度沟通了正确的事，时机不对，沟通白费。可见，把握沟通时机是有效沟通展开的必要条件之一，沟通的大忌就是"择时不如撞时"，认为什么时间都可以沟通的想法是大错特错的。

解码沟通

扫描二维码，观看视频5-3，思考该视频中的客服和客户就马桶售后服务事宜展开电话沟通，沟通的时机对吗？效果如何？

想一想，如果是你，你会选择什么时机打这个电话？为什么？

视频 5-3

知识加油站

1. 电话沟通的择时原则

一般而言，电话沟通的择时有三个原则：

（1）在双方都方便的时候电话；

（2）在双方都状态好的时候电话；

（3）在双方都有意愿的时候电话。

2. 电话沟通的时间要求

单纯就时间要求而言，大致可以参考如下：

（1）以有无约定来看：

有约定，在约定时间按时电话；

无约定，遵循职业习惯和工作规律。

（2）以一天来看：

10：00—11：00，电话的黄金时段（部分职业除外）；

8：00前、12：00—14：00、21：30后，电话的不宜时段（紧急电话除外）。

（3）以一周来看：

周二至周四，电话的黄金时段；

周一上午、周五下午，不宜电话时段（紧急电话除外）。

（4）以职业来看（见表5-5）：

表5-5 部分职业的电话沟通时段选择

职业	适宜大致时段	不适宜大致时段	不适宜原因
教师	下午4—5点后	上午8点—下午4点	上课时段
医生	上午11—12点	上午11点前	工作繁忙时段

续表

职业	适宜大致时段	不适宜大致时段	不适宜原因
政府工作人员	大部分上班时间	上下班半小时内	忙于准备工作或工作不在状态
餐饮从业人员	下午3—4点	就餐时段	工作繁忙时段
财会人员	月中时段	月初、月末	工作繁忙时段
证券从业人员	收市后	开市后	工作繁忙时段

拓展链接

闻声识机

当然，把握电话沟通的时机不仅在于选对沟通的具体时间，还要确保电话双方（尤其是对方）的沟通意愿和沟通状态要适宜。电话沟通是只闻其声不见其人，这是电话沟通最大的特点，也是最大的难点。从语音、语调、语速等识别对方的沟通意愿和沟通状态，从而识别、判断出合适的沟通时机十分重要。那么，如何闻声识机呢？

1. 闻声识机

✓ 识别沟通意愿：识别沟通心态；

✓ 识别沟通状态：识别心情、情绪、周边环境、电话信号等。

2. 闻声识机要做到"八不说"

一般而言，拨打电话时如果碰到以下八种情况，要主动挂断电话：

✓ 对方不方便时不说；
✓ 对方有情绪时不说；
✓ 对方心情不好时不说；
✓ 对方专注于其他事情时不说；
✓ 对方缺乏主动性时不说；
✓ 对方抗拒时不说；
✓ 环境嘈杂时不说；
✓ 电话信号不好时不说。

3. 闻声识机要做到"四说"

当然，要真正闻声识机，实现顺利高效沟通，除了"八不说"，还必须做到"四说""三主动"，给自己创造更好、更多的沟通机会。

✓ 电话接通亲切问候并自报家门；

✓ 拨错电话马上说"对不起"；

✓ 不择时电话第一时间说抱歉；

✓ 电话结束诚恳说"谢谢，再见"或"好的，请您先挂机。再见"；

4. 闻声识机要做到"三主动"

✓ 问候并自报家门之后，马上主动询问对方现在是否方便接听电话；

✓ 通话时，如果对方电话中有门铃、电话铃声、讲话声、孩子哭闹声等，要主动询问对方是否需要处理，以显示尊重对方；

✓ 通话结束前，要主动询问对方是否还有其他问题或事宜。

抢答闯关

电话沟通中，挂电话的时机同样需要把握。那么，应该谁先挂电话呢？

参考答案：

✓ 对方先挂（提倡做到）；

✓ 位尊者先挂（必须做到）；

✓ 延迟等候 2~3 秒挂（对方也在等你先挂电话时）。

所谓"位尊者先挂"，一般而言，包括以下几种情况：

✓ 对方是领导，领导先挂；

✓ 对方是客户，客户先挂；

✓ 对方是长辈，长辈先挂；

✓ 对方是女士，女士先挂。

当然，挂电话前需要先确认对方或自己该说的都已经说完而且说清楚了，不要刚挂电话又想起来还有事情没说，那就特别尴尬。

游戏互动

游戏目的：从对方的语音、语调、语速等识别通话方的沟通意愿和沟通状态。

游戏人员：拨打电话者（甲）、接听电话者（乙）、观察者（丙）。

游戏内容与流程：

（1）甲、乙各准备话术。

（2）甲拨打电话，乙接听电话。

（3）通话结束后，甲讲述辨识到的乙对本次通话的沟通意愿、沟通状态和判断依据，乙对甲的讲述予以反馈。丙对甲、乙的讲述做出述评。

（4）甲、乙、丙互换角色，重复游戏 1~2 次。

任务三　电话接听流程

电话接听流程

工作任务	电话接听流程
建议学时	1 学时
教学模式	理实一体化
教学方法	研讨式教学＋模拟演练
教学目标	知识目标：熟悉职场中接听和转接电话的流程；学会制作来电转告记录单； 能力目标：能够正确接听和转接电话；学会填写来电转告记录单；学会正确处理找领导的转接电话； 素质目标：以良好、积极的心态对待并正确处理来电； 思政目标：尊重来电人；按照规定流程热情、耐心记录并解决来电人需求。

解码沟通

- 漫不经心去接电话，任由铃声响起。
- 拿起话筒张口就问"你谁呀？哪里"。
- 拿起话筒懒洋洋地说"喂"，然后等待对方说话。
- 拿起话筒不说话，对方问"你在吗""你还在吗"。
- 嘴里正在吃东西，去接听电话。
- 在上班时间，边打哈欠边接听电话。
- 接听电话时，中间夹杂其他电话或其他声音。
- 接听电话，说"你等一下，我去找纸、笔来记一下"。
- 接到不是找你的电话，说"他不在！"就直接挂断电话。
- 接到找办公室同事的电话，马上大声叫"××，你的电话"。
- 面对打错的电话，斥责对方"你打错了！神经病"。
- 感觉对方话说完了，直接挂断电话。

你知道这些行为错在哪里吗？正确的行为应该是怎样的呢？下面，请让我们一起来学习正确接听电话的流程吧。

知识加油站

1. 接听电话的流程

（1）铃响2～3声接听电话。（若较慢接电话，先道歉"让您久等了"）

（2）自报家门并询问"您好，××，请问有什么可以帮到您"。

（3）了解来电者目的和来电需求。

（4）核对并确认、记录沟通信息。

（5）沟通结束，说"感谢您的来电！祝您生活愉快"等。

（6）填写来电信息单，并马上安排执行。

2. 转接电话的流程

（以酒店前台转接电话为例）

（1）接到转接需求，说"好的，请提供一下对方姓名、房号"。

（2）然后说"请问您贵姓？需要如何告知对方您的信息"。

（3）接着说"好的，请稍等，马上帮您转接"。

（4）核查入住系统，核实来电人要求的住店客人信息。

（5）通过内线电话、拨打至接听人房间，征求接听人接听电话的意愿。

（6）视情况回复来电人：

✓ 如果接听人愿意接听，直接转接过去；

✓ 如果接听人不方便接听，委婉回复来电"抱歉，对方现在不方便接听电话"（或按照接听人意见回复）；

✓ 如果房间电话无人接听，回复来电"抱歉，让您久等了！房间电话无人接听，请您稍后来电，您也可以尝试其他方式"。

跟影视学沟通

扫描二维码,观看视频 5-4,熟悉电话接听与转接流程。

练一练:2 人一组,分角色扮演,演练视频中的电话接听与转接流程。

视频 5-4

风采展示馆

有时候,来电人要找的是你的同事,而你的同事恰巧不在,这个时候一定不能生硬地说"他不在""不知道",而应该主动询问是否需要转告,并把对方的姓名、单位、来电时间、所为何事记录下来转交给相关的人。要特别注意的是,对于需要转告的要点要反复确认。有经验的人会自制一份来电转告记录表,如表 5-6 所示。

表 5-6 来电转告记录表[①]

To:	接听人:	来电时间: 年 月 日 时 分
来电人信息		
姓名:	单位:	部门:
职务:	办公室电话:	
手机:	其他联系方式:	
来电事项(按照重要性排序)		
1.		
2.		
3.		
备注:		

2 人一组,进行来电转接和转接记录单填写演练。

抢答闯关

1. 如果你是领导助理,有人打电话找你的领导,你应该如何处理?

参考答案:

第一步,问清楚来电人身份(单位和姓名)和来电人目的;

---

① 参考陈嫦盛的《秘书沟通》,深圳:海天出版社,2007 年。

第二步，如果你知道领导不在，就按照来电转告方式处理；如果不确定领导是否在，让来电人稍等，并马上请示领导是否接听；

第三步，如果领导让转接，就按照转接电话处理；如果领导不方便接听，就回复"抱歉，让您久等了！××不在，请稍后再来电话"或者"××正在开会，请××时间后再来电话"。

特别注意：如果领导明确让挡驾该电话，请回复"抱歉，××不在"。

2.如果你是领导助理，上级领导或重要客户打电话有急事找你的领导，而此时领导恰好正在旁边会议室开会，请问应该如何处理？

参考答案：

如果领导事先要求"开会期间不得打扰"，则会后转告；

如果领导事先没有要求，可以用纸条传递给领导，征求领导意见。

纸条内容示例："××打电话有急事找您，接电话（　　），不接（　　），请打勾"。

任务四　处理棘手电话

处理棘手电话

工作任务	处理棘手电话
建议学时	1学时
教学模式	理实一体化
教学方法	研讨式教学＋模拟演练
教学目标	知识目标：了解处理顾客投诉（抱怨）或化解上司责难的正确方法； 能力目标：能够正确处理顾客的投诉（抱怨）和上司的责难，避免事态升级； 素质目标：学会控制情绪，理性处理投诉、抱怨与责难； 思政目标：学会与人共情共鸣，能够宽容人、理解人，能够忍受委屈。

解码沟通

> "一分钱、一分货，我们贵有贵的道理。"
> "没有人反映过这问题啊，你放心吧。"
> "你先等一会儿，等会儿我给你回电话。"
> "你记错了吧？我没有说过。"
> "这点问题不影响使用。"
> "这不是我负责的，你找××部门吧。"
> "这个我解决不了，我请示下领导。"
> "不行，这是规定。""我们就是这么规定的。"
> "你想投诉啊，那你就去投诉吧。"

如果这些话你碰巧说过，抱歉，你中招了！

其实，工作中我们不但会面对客户的抱怨甚至辱骂，还可能面对上司的责难。下面的情景你是不是似曾相识呢？

上司：你怎么搞的？让你接个人都不会！

下属：那个客户临时改了车次，没人告诉我。

上司：你自己不会问啊，这种小事还用我来教你？

下属：可是，也没人告诉我他的联系电话啊！

上司：算了算了，你真是的，我叫小张去吧，你不要去了。

下属：……

在下属看来，明明是上司没有把相关信息告诉他，才导致工作出了差错。挨了骂总觉得很委屈，于是面对上司的责难，总想办法去解释，结果越解释越糟。

那么，面对这些棘手电话，我们应该如何处理呢？

知识加油站

1. 如何处理顾客投诉抱怨

（1）先耐心聆听，再解释安抚——先处理情绪，再处理事情，急于解释是大忌；

（2）恰当道歉，令顾客感受诚意——顾客永远是对的，过错不在我们也应该道歉；

（3）换位思考，与之共情共鸣——从顾客立场说话，让顾客感到倍受尊重；

（4）适当提问，共商解决办法——与顾客共商解决办法是王道；

（5）跟踪服务，确认问题解决——顾客满意是宗旨，强化客户忠诚度；

（6）检讨总结，防止类似投诉——解决顾客投诉是起点而不是终点。

2. 如何化解上司责难

（1）不要当场反驳或解释——上司在气头上，为自己辩解只会更糟；

（2）积极有效弥补损失和后果——知错立改是最有效的反应；

（3）事后找机会沟通交流——上司情绪稳定后沟通更有效；

（4）把批评当动力，多从自身找问题——做一个有胸怀的人，容忍上司的错误；

（5）牵涉到原则性问题要据理力争——维护自身清白很重要，人品不能留污点。

当然，如果确认上司人品有问题，总是故意刁难或总是推卸自己的责任，则尽量与其保持距离，把精力集中在自己的工作上。比如：

经常通过指责他人来推卸责任——上司缺乏担当，属于"推诿型"上司；

经常故意找茬下属来树立威严——上司缺乏能力，属于"摆谱型"上司。

牛刀小试

扫描二维码，观看视频 5-5，说一说该视频中提到的接线员有什么问题？我们在接听投诉电话时需要注意什么。

视频 5-5

风采展示馆

1. 3 人一组，分角色扮演。演练接听顾客投诉电话，然后相互说一下对对方的感受；甲、乙分别扮演顾客与客服，丙作为观察者，对甲、乙的沟通过程进行点评。

2. 3 人互换角色，再次演练两次。

3. 各自把通话的过程、感受与启示记录下来。

训练单元六　网络沟通技能

单元学习思维导图

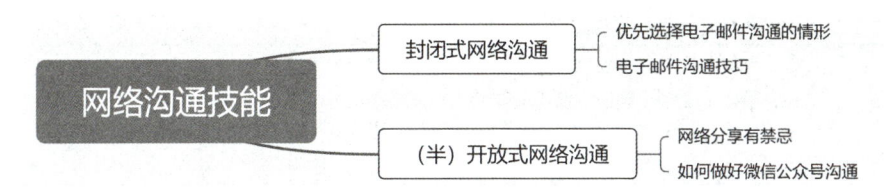

网络沟通技能
- 封闭式网络沟通
  - 优先选择电子邮件沟通的情形
  - 电子邮件沟通技巧
- （半）开放式网络沟通
  - 网络分享有禁忌
  - 如何做好微信公众号沟通

情景导入

"史上最强女秘书"事件

2006年某日晚，EMC大中华区总裁陆纯初回办公室取东西，到门口才发现自己没带钥匙。此时他的秘书瑞贝卡已经下班。陆试图联系后者未果。数小时后，陆纯初难抑怒火，于是在凌晨1时13分通过内部电子邮件系统给瑞贝卡发了一封措辞严厉且语气生硬的"谴责信"。陆在发送这封邮件的时候，同时传给了公司几位高管。结果瑞贝卡以一封咄咄逼人的邮件进行回复，并让EMC中国公司的所有人都收到了这封邮件。这件事在网上吵得沸沸扬扬，形成几千人转发的局面。一些网友称瑞贝卡为"史上最强女秘书"。

以下是"史上最强女秘书"事件的瑞贝卡的邮件。

To：Loke，Soon Choo
Cc：China All（Beijing）；China All（Chengdu）；China All（Guangzhou）；China All（Shanghai）；Lai，Sharon
Subject：FW：Do not assume or take things for granted
Soon Choo，

首先，我做这件事是完全正确的，我锁门是从安全角度考虑的，北京这里不是没有丢过东西，如果一旦丢了东西，我无法承担这个责任。

其次，你有钥匙，你自己忘了带，还要说别人不对。造成这件事的主要原因都是你自己，不要把自己的错误转移到别人的身上。

第三，你无权干涉和控制我的私人时间，我一天就8小时工作时间，请你记住中午和晚上下班的时间都是我的私人时间。

第四，从到EMC的第一天到现在为止，我工作尽职尽责，也加过很多次的班，我也没有任何怨言，但是如果你们要求我加班是为了工作以外的事情，我无法做到。

第五，虽然咱们是上下级的关系，也请你注意一下你说话的语气，这是做人最基本的礼貌问题。

第六，我要在这强调一下，我并没有猜想或者假定什么，因为我没有这个时间也没有这个必要。

思考：这次普通的邮件沟通为什么会成为一个轰动网络的大"事件"？

任务一　封闭式网络沟通

封闭式网络沟通

工作任务	封闭式网络沟通
建议学时	2学时
教学模式	理实一体化
教学方法	研讨式教学＋模拟演练
教学目标	知识目标：熟悉电子邮件沟通技巧，了解群发信息的沟通禁忌； 能力目标：能够正确使用电子邮件沟通，能够正确群发信息，能够合理使用表情包； 素质目标：能够注意网络沟通礼仪，能够自觉遵守互联网沟通的道德规范和法律规定； 思政目标：具有人文关怀，尊重他人隐私。

所谓封闭式网络沟通，是指沟通者借助于互联网媒介（软件或平台）所开展的有明确指定或圈定的沟通对象的沟通过程。其沟通的对象往往是沟通者预先选定的个人或群体，常用于日常的点对点沟通和工作过程中的点对面沟通。这种沟通的目的一般不带有营销性或广而告之的宣传性，没有被预先选定的对象无法参与沟通，因此沟通结果大多是可控的、低风险的。常见的封闭式网络沟通方式包括电子邮件、QQ（群）沟通、微信（群）沟通、钉钉（群）沟通、网络平台群发短信等。

解码沟通

扫描二维码，观看视频6-1，了解电子邮件沟通的常用礼仪，包括邮件的主题礼仪、邮件称呼和问候礼仪、邮件结尾签名礼仪、邮件正文和附件礼仪、邮件回复礼仪等。

你记住了吗？请你把视频中的要点以知识树的形式整理出来。

视频6-1

知识加油站

1. 优先选择电子邮件沟通的情形

电子邮件沟通具有双向性，通常对方回复邮件才能确认对方接收到信息，因此，电子邮件沟通的时效性不强，沟通效率欠佳。

一般而言，建议有明确沟通目标的事件且需要正式通知到对方或需要对方正式回复确认的事件，优先考虑通过电子邮件的方式进行沟通。

另外，在日常生活和工作中，一些非正式的沟通事项，比如邀请同事周末一起吃饭，如果不方便面请，只发了一封电子邮件，最好通过微信或打电话再确认一下，以提高沟通效率。

2. 电子邮件沟通技巧

（1）邮件发送对象的选择技巧：

✓ 收件人，要受理这封邮件所涉及的主要问题、应对邮件予以回复和响应的人。如果有多个收件人，各收件人的排列应遵循一定的规则，比如按部门排列、按职位等级从高到低排列等。

　　✓ 抄送人，需要知道这件事的人或收件人的直属上级。抄送人没有义务对邮件予以响应，如果有建议，可以回复邮件。

　　✓ 密送人即秘密接收此邮件的人，收件人并不知道你将此邮件发给了密送人。

（2）邮件发送技巧：

　　邮件内容多用1、2、3之类的序号，按照重要性进行排列，语言要简洁并有逻辑性，做到目的明确、表述清晰。

　　✓ 重要的或时间紧急的沟通事项，要在邮件发送完毕后进行电话提醒和确认。

　　✓ 不要向上级频繁发送没有确定结果的讨论性邮件。

　　✓ 要避免将细节性的讨论意见发送给公司高级管理人员，特别是那些可以判断为高级管理人员不需要深入了解的业务细节。

　　✓ 寻求跨部门支持的邮件，可主送给寻求支持的对象并抄送给他的直接上级，同时抄送本部门的直接上级，这样做可以获得支持部门更好的支持。

（3）邮件回复技巧：

　　✓ 如果之前有接收到对方邮件，就某一阶段性内容进行讨论，应该在原邮件的基础上进行回复。

　　✓ 对发件人提出的问题不清楚或有不同意见，应该与发件人采取其他方式单独沟通，不要不停用邮件与发件人讨论。

　　✓ 慎用群发和抄送人功能转发敏感或机密信息。

　　✓ 对重要邮件所提的意见或建议，要针对意见或建议逐条展开回复，以示尊重。

　　✓ 不要就同一个问题多次回复邮件讨论，建议采取其他方式单独沟通。

　　✓ 回复不能过于简略，要让人感到你的诚意和尊重。

拓展链接

群发信息的沟通禁忌

（1）信息内容要件不全：人的要件（包括收信人、发件人、联系人、联系方式），事的要件（事情的目的、时间、地点等），物的要件（资料准备、物品准备等），应该明确的要件或信息接收人可能会问的要件应该齐全。特别注意：时间要采用清晰具体的绝对时间格式（如2024年5月1日上午8点）或"绝对时间+相对时间"格式（如2024年5月1日（下周二）上午8点），一般不单独使用相对时间格式（如周二8点、明天等）。

（2）信息内容让人不舒服：一般而言，不可在群里发针对少数人的批评性、指责性，甚至是辱骂性的信息，除非从法定程序上确有公开批评的必要或信息公开的目的本身就是以儆效尤。即使是警告性、命令性的信息，也尽量不在群里用语生硬，以免有耍官威、以势压人之嫌。如果是用QQ、微信或钉钉群发送信息，可以根据需要适当添加一些表情符号或表情包来辅助，以增加信息排列的美观度和亲和度，增强信息阅读人的愉悦心情，强化沟通效果。

（3）保密性、隐私性信息被公开：通常，群发信息要特别注意不要发送带有保密性的信息。比如，多人竞争，申报同一课题的，在课题申报截止之前，申报人的申报信息就带有一定保密性，要防止被人模仿甚至抄袭。同时，群发信息不得侵犯他人的隐私，尤其是带有比较性质的信息或使人感到难堪的信息。比如，学生的成绩就属于隐私，在家长群或学生群公开学生的成绩就侵犯了学生的隐私；在课题申报推荐表中，公开没有被推荐的申报信息会让相关人员感到难堪，这些信息也属于个人隐私，不能以群消息发送。

（4）信息发送时间太早或太晚：一般而言，群消息发送的时间需要谨慎，不可太早或太晚。通常，不需要接收人提前准备（包括资料准备、物品准备和行程安排准备等）的信息发送时间采取提前3—5天的原则来通知；需要接收人提前准备的信息发送时间则需要看需要准备的时长而论，原则上需要给接收人较为宽松、充裕的准备时间，以示尊重，除非是突发事件和紧急事件。比如，单位内部两周后的纯参会活动（不需要参会人提前准备）提前两周就发信息是不合适的，太早容易忘记；同样，还有30分钟就开会了，才发信息通知大家也是不合适的，太晚容易打乱他人的预先安排，给他人不舒适的心理感受，最终影响会议效果。特别值得注意的是，如果某个部门或个人经常群发信息的时间太早或太晚，极易给人留下工作能力不足、工作无计划性、不尊重人等不良印象，从而极大影响该部门或个人的人际关系。

（5）语音信息过多、过长：一般而言，群发信息不要采用语音发送模式。一方面，发送语音信息很容易导致信息内容随意，出现语言不简练、中心不突出等问题，导致语音要么过多、要么过长。语音信息用于点对点的私聊尚可，但一般不用于群发；另一方面，接收语音信息会带有干扰性（需要放出声音）或给接收人带来不便（要么戴耳机要么凑近听）。

（6）完整信息零散化发送：通常而言，信息要件要尽量集中在一条信息中说清楚，能够一条信息说清楚的事情不要多条信息发送。一方面，本来可以一条信息说清楚的事情如果零散化发送，很容易给人眼花缭乱、信息太多的不愉悦心理感受，还容易让人抓不住要点，记住后面的又忘了前面的；另一方面，完整信息零散化发送容易导致信息的逻辑性缺失，给人带来理解障碍，甚至出现理解偏差；再一方面，完整信息零散化发送也给信息的保存和转发带来一定困难。

小故事大道理

（1）2020年7月7日，受害者吴妍（化名，下称小吴）到浙江省杭州市某小区楼下取快递时，被便利店店主郎某偷拍了视频。郎某随后与朋友何某"开玩笑"，编造"少妇出轨快递小哥"聊天内容，发至微信群。通过不断转发，谣言在互联网发酵。2020年8月7日早上10点，消息已传到小吴所在的公司，所有的领导、同事都看到了。同日，小吴报警。2021年1月，该案入选最高人民检察院公布的2020年度十大法律监督案例。2021年4月30日，"杭州取快递女子被造谣"一案在浙江省杭州市余杭区人民法院一审开庭审理，两被告人郎某、何某犯诽谤罪，判处有期徒刑1年，缓刑2年。

（2）浙江的谢某是一个微信群的群主，群成员人数长期保持在200人以上。微信群起初以聊天、交友为主，成员多数是本地人。不知何时起，有人开始往群里发淫秽视频，久而久之，微信群竟发展成以传播淫秽视频为主，成员也扩展到全国各地。2020年8月至10月，该群成员张某在群里上传了 121 个淫秽视频，被警方查获。谢某本该负起监督管理职责，却没阻止群成员传播淫秽视频的行为，甚至还努力维持"你我共分享"的群状态。最终，张某因发送淫秽视频受刑罚，谢某也因"默许"张某的行为被判处同罪。

以上两个故事表明，网络沟通和线下沟通相比有其特殊性——信息传播速度快、传播范围广，更需要注意沟通礼仪和规范沟通行为，在日常生活中要注意以下三点：第一，时刻注意区分私聊和公聊的界限，对带有隐私、保密性质的信息更要高度重视；第二、微信群等网络聊天场所绝非法外之地。作为网民，不能利用微信群等发布违法违规的内容或从事违法违规的活动；第三，作为群主，建群的目的一定要健康合法，并应承担管理和监督责任，坚决抵制各种违法犯罪行为和有害信息。

牛刀小试

1. 案例剖析

以下是网络报道的两则家长群群发信息，如图 6-1 所示，请指出这些群发信息存在的问题和可能导致的后果，并说说你从中得到的启发。

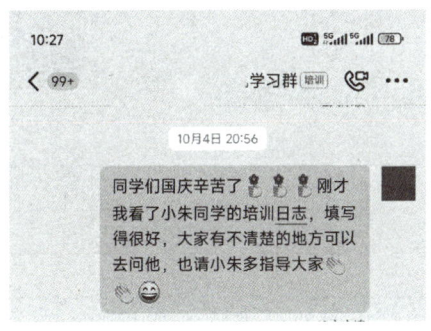

群发信息 1 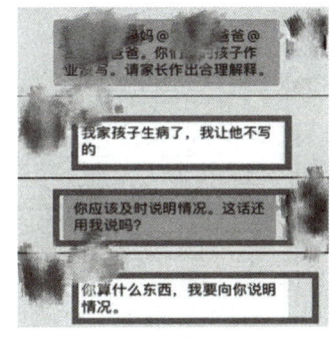　　　　　群发信息 2

图 6-1　群发消息

2. 角色扮演演练

扫描二维码，观看视频 6-2，思考你的上司通过微信发消息给你，你应该如何回复呢？请你模拟与上级领导沟通情景，体会一下如何回复才是较好的职场微信沟通形式。

视频 6-2

跟影视学沟通

扫描二维码，观看视频 6-3，了解两人沟通的背景、原因、方式和成效。

视频 6-3

105

沟通工作室

扫描二维码，观看视频 6-4，思考表情包该如何用，平时用没用错？

视频 6-4

风采展示馆

人事部打算于 2024 年 7 月 1 日组织新员工座谈会，主要目的：一是了解他们工作的情况和工作中碰到的问题，体现公司的人文关怀；二是让他们针对前一阶段的党史学习进行学习体会发言。请根据这个情景，完成如下网络沟通任务。

（1）如果需要采用电子邮件的形式发送座谈会信息，请代替人事部撰写该邮件并请以参会人员的身份回复一封邮件。

（2）如果采用信息群发的方式发送座谈会信息，请根据 QQ、微信和钉钉各自的特点，选择一个能够确保全部参会人员能够及时接收到信息的沟通方式，并代替人事部撰写该群发信息。

任务二 （半）开放式网络沟通

（半）开放式网络沟通

工作任务	（半）开放式网络沟通
建议学时	2 学时
教学模式	理实一体化
教学方法	研讨式教学＋模拟演练
教学目标	知识目标：了解网络分享的禁忌，了解社群，了解常见微商"营销"的坑，了解微信红包，熟悉微信公众号沟通的策略，掌握直播沟通的常用技巧； 能力目标：能够鉴别和合法合规展开网络信息分享，能够有效运营微信公众号，能够开展网络直播沟通； 素质目标：网络分享能够自觉合法合规，能够自觉抵制低俗、违法违规的网络信息，能够与网络沟通对象展开积极、良性的互动； 思政目标：具有家国情怀和人文关怀，网络沟通中注意维护国家和民族利益，时刻保持对人的尊重、理解与感谢之心

所谓（半）开放式网络沟通，是指沟通者借助于互联网媒介（软件或平台）所开展的没有明确预设或指定沟通对象的沟通活动。相对于封闭式网络沟通而言，（半）开放式网络沟通有三个明显特征：一是从沟通的性质而言，沟通者和沟通对象之间建立起来的沟通关系大多不是因为工作或生活关系，而是因为有共同的兴趣、爱好或者因为被知识（技能、思想、经历、个人魅力）分享者所吸引而形成的类似"博主（主播）——粉丝（听众）"关系；二是从沟通的对象而言，沟通者没有预设沟通对象，遵循自愿原则，愿者皆可参与（有时也会设置一定门槛，比如只有付费的会员才能入群），沟通者的沟通对象从数量到个人身份、职业、品性等皆具有不确定性，沟通的结果不可控、风险更高；三是从沟通的目标上看，

也因人而异，其中，纯粹分享者并没有明确的沟通目标，可能就以分享知识（技能、思想、经历等）为乐趣，分享本身就是价值；以商务运营或营销为目标的沟通者主要以引流变现为目的，对他们而言，通过沟通赚钱才是价值。

常见的（半）开放式网络沟通方式包括微信朋友圈、微信公众号、微博、社群、网络直播等。其中，微信朋友圈的内容只有互为好友而且没有被屏蔽的用户才能看到，使其具有封闭式沟通的特点，但是，由于朋友圈的转发功能，意味着信息的传播范围于信息发布者而言是不明确的、不可控的，因此，也展现出（半）开放式网络沟通的特点。这种特性促使了一些微商利用朋友圈来推广和售卖物品。

解码沟通

扫描二维码，观看视频 6-5，了解朋友圈相关内容的发布。

想一想：你中招了吗？

视频 6-5

知识加油站

1. 网络分享有禁忌

网络不是法外之地，有经验、知法守法的网民"老司机"告诉你：以下"红灯"是不能闯的。

➢ 不能对党和国家的路线、方针、政策妄加议论和批评——尤其不能妄议中央！
➢ 不能发布编造的虚假信息或低级趣味的信息——转发未经核实的信息也不行！
➢ 不能发布任何涉及国家和工作单位机密的内容——哪怕一对一发也不妥！
➢ 不能发表未经他人同意、有个人隐私性质的信息——哪怕一对一发也不妥！
➢ 不能附带强制性"咒语"——比如：转了将发大财、证明爱国，不转将……

2. 如何做好微信公众号沟通

微信公众号是机关企事业单位用来向用户提供有价值的信息，从而宣传推广自己的产品或服务的有效平台。那么，好的微信公众号一般是怎么打造的呢？

（1）慎做广告。很多商家发现，频繁在微信公众号上发布企业、产品、活动的宣传内容，往往会导致粉丝量下降。因此，要慎重使用微信公众号做广告，尽量减少其功利性的味道。即使需要发布内容，也应选择偶尔发布一些公益活动公告，通过有意义的活动，将客户聚在一起。一个优质的微信公众号发布的文章通常看不出明显广告的痕迹。

（2）提供卓越服务。好的微信公众号是一个迅速连接人和资讯、人和服务的纽带，能让资讯、服务与客户自然相遇。一方面，让资讯和服务触手可及，好的微信公众号能把更多资讯和服务展现、推送给客户，让他在需要咨询或服务的时候能够快速地获取到；另一方面，让人与资讯、服务产生互动。好的微信公众号既能让资讯不断满足客户的真实需要，又能提升人与服务间的互动效果。比如，客户可以通过"海底捞"公众号与服务员互动，如请服务员提前醒上红酒或提前准备好儿童椅，如果需要打电话，一个按钮就可以接通服务员。

（3）不断优化和调整。好的微信公众号不但能够提供卓越服务，还能够从客户服务角度出发不断优化和调整以改善用户体验，给客户提供更多的个性化服务，甚至是超出预期的服务。

小贴士 警惕微商"营销"虚拟的坑[1]

◇ 使用虚拟定位添加好友求助手代购、旅游

有不法微商借助虚拟定位助手软件选择想要的位置,然后通过附近加好友功能,添加更多的好友,增加客源。此外,还可能任意设置一个国内外的地点,在朋友圈营造自己在外地代购或旅游的假象,实际上该店铺内的商品并非代购所得。

◇ 使用微信对话生成器虚拟聊天记录

有不法微商使用微信对话生成器生成任意想要的虚假聊天内容,如大额红包、大额转款记录、任何内容的聊天截图等,进行以假乱真的话术营销。

拓展链接

社群之谜[2]

(半)开放式网络沟通中,社群沟通十分重要。那么,怎么去界定社群?什么样的群体叫社群呢?是不是"有同样标签的一群人"或者"在一起做一件事的一群人"都是社群呢?其实,构成社群需要具备5个要素,简称"ISOOC"。

(1) 社群构成的5个要素:

✓ 构成社群的第一要素——同好(Interest)——决定社群的成立;
✓ 构成社群的第二要素——结构(Structure)——决定社群的存活;
✓ 构成社群的第三要素——输出(Output)——决定社群的价值;
✓ 构成社群的第四要素——运营(Operate)——决定社群的寿命;
✓ 构成社群的第五要素——复制(Copy)——决定社群的规模。

(2) 好的社群是什么样的?

✓ 成员形成金字塔或者环形组织结构;
✓ 成员的加入有一定筛选机制作为门槛;
✓ 设立管理员并不断完善群规;
✓ 提供稳定的服务输出——不是一枝独秀,而是全员开花;
✓ 能给与群员四感:仪式感、参与感、组织感、归属感——社群的核心是情感归宿和价值认同;
✓ 能复制多个平行社群——组建核心群、形成亚文化、构建自组织。

直播时代的沟通技能

网络直播最大的优势,就是让消费者融入到消费场景中。在网络直播营销场景中,主播不仅扮演着销售和客服的角色,同时还是试用者。消费者通过直播,可以和主播直接沟

---

[1] 选编自《揭秘微信朋友圈里的财富神话 微商"缇丽莎尔"的经营术》。
[2] 参考秋叶、秦阳等著《社群营销——方法、技巧与实践》,机械工业出版社,2015年第1版。

通，实时问答。这不仅体现了社交属性，还极大地提升了消费者的消费体验，更拉近了作为消费者（包括潜在消费者）的粉丝、观众、客户与主播之间的距离。那么，在直播时代，主播需要具备哪些有效沟通的技能呢？

首先，要了解网络直播沟通的特点。网络直播沟通相对于其他沟通形式而言，有其独特性：一是，不同于面对面沟通，网络直播中主播看不见消费者的身体语言（视频聊天除外），因此，在消费者没有反馈之前，主播对于消费者的情况存在很大程度上的盲区，巧妙引导消费者反馈从而了解消费者就成为主播的重要沟通内容之一；二是，不同于其他网络沟通形式（非双向视频），网络直播中消费者可以看见主播的身体语言，因此，在消费者面前，主播的非语言沟通能力和语言沟通能力同等重要，配合恰当的身体语言成为网络直播的标配。

其次，根据网络直播沟通的特点，主播至少需要掌握如下沟通技能。

✓ 尽量使用"您"或"您的"，而不是"我""我自己""我的"，学会引导消费者谈论他们自己，尽可能地增加与粉丝间的交流次数，提高每个人的参与感。

✓ 当你赞同别人时，一定要说出来。如有力地点头并说"是的""对"或注视着对方眼睛说"我同意您的看法""您的观点很好"。

✓ 考虑更多丰富的表情和动作，比如剪刀手的卖萌、手比爱心的温馨、吐舌头的调皮等。这些身体语言会让粉丝们不仅感受到你作为主播的积极与热情，更容易对你产生好感，从而更有意愿消费、打赏。

✓ 努力记住互动过的粉丝的名字，注重记录与粉丝的互动细节，尤其是要记住每次开启直播准时到达的那几个粉丝的名字、兴趣、爱好，以及互动中的一些小习惯、小细节，尊重粉丝的喜好和厌恶的东西，让粉丝有一种备受关照的感觉。

✓ "读出"直播听众的反馈互动语言，即用自己的话语逻辑把听众的意见"复述"出来，这样听众会觉得你很在意他，沟通的效果更好。

✓ 预先准备好最近的新闻热点（影视热点）、自己的情感经历（成长经历/工作生活/穿衣风格/旅游发现/美食分享）、好听的背景音乐、好玩的互动游戏、有内涵的幽默搞笑段子等作为直播谈资，避免尴尬的冷场。对于话题的选择，尽可能选择与自己直播风格一致并且方便与听众互动的；一般三到五天内不要重复一个话题，每次直播可以讲两到三个话题。

✓ 不要吝啬自己感情的表达，要感谢每一位粉丝对自己的支持。感谢并不需要话术，可以把你的情绪真实地表露出来。比如，礼物连击感谢："感谢××送的100朵玫瑰花，还在继续吗？120朵了，140朵了，哇，非常感谢！"如果是看的次数多，终于刷礼物的粉丝，可以这么表达："感谢××，来看我那么多次了，现在还给我送礼物了！"等。在直播后可以将礼物截图晒到朋友圈、微博，以各种形式表达对粉丝的感谢。

✓ 掌握一些合适的下播话术。比如，"又到了该下播的时间了，和大家一起谈心总觉得时间过得好快，感谢大家从开播一直陪我到下播，感谢××、××（点名几个待得比较久的粉丝），希望明天还能和大家一起聊天哦！""很开心今天有这么多伙伴陪伴主播，今天的直播就到这里了，喜欢主播的朋友们可以点个关注，明天同一时间准时开播，谢谢大家哦！"

✓ 当没有人送礼物时，不要直接当面要礼物，这其实是一种很让粉丝反感的行为，但可以委婉表达，譬如："好久没有看到过××礼物了！""求上榜！"等增加粉丝送礼物的积极性。

✓ 粉丝出言轻浮，要巧妙回避，尤其是对于释放负能量的"黑"粉丝，需要表达出自己的观点，并对他们进行善意的提醒，告知其明确的不对之处，必要时也要合理地警告。

抢答闯关

微信红包为什么能够一夜间火爆，玩的是啥？微信面对面红包有什么深层次含义？QQ、支付宝红包玩法又是为哪般？请结合你的抢(发)红包经历，讲一讲你的红包江湖故事，并思考：红包江湖还可以有哪些创新玩法呢？

从商家角度来说：

✓ 吸引新用户下载注册；
✓ 提升用户活跃度；
✓ 拓展线上线下支付场景；
✓ 完成客户到店率或转化率。

从用户角度来说：

✓ 社交；
✓ 乐趣。

跟影视学沟通

扫描二维码，观看视频 6-6，体会该主播的沟通技巧。

想一想：该视频对你有什么启发呢？

视频 6-6

牛刀小试

请在图 6-2 中的常见直播平台中选择一个并开通一个直播账号，尝试做主播，体会网络直播的沟通技巧。

图 6-2　常见直播平台

训练单元七　面对面沟通技能

单元学习思维导图

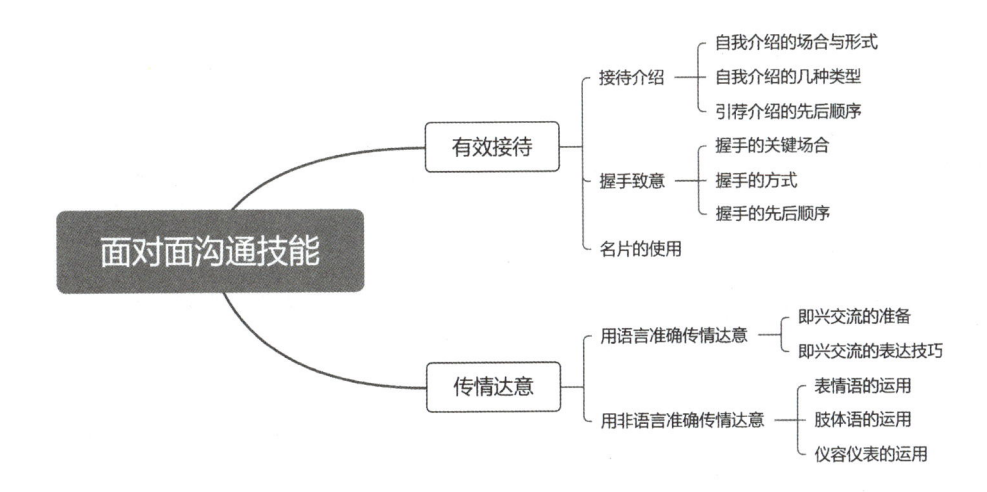

```
                          ┌─ 接待介绍 ─┬─ 自我介绍的场合与形式
                          │           ├─ 自我介绍的几种类型
                          │           └─ 引荐介绍的先后顺序
              ┌─ 有效接待 ┼─ 握手致意 ─┬─ 握手的关键场合
              │           │           ├─ 握手的方式
              │           │           └─ 握手的先后顺序
面对面沟通技能┤           └─ 名片的使用
              │
              │           ┌─ 用语言准确传情达意 ─┬─ 即兴交流的准备
              └─ 传情达意 ┤                     └─ 即兴交流的表达技巧
                          │                     ┌─ 表情语的运用
                          └─ 用非语言准确传情达意 ┼─ 肢体语的运用
                                                └─ 仪容仪表的运用
```

情景导入

刚入职的小李由于工作认真受到领导的表扬，领导准备安排他做办公室秘书。在此之前，领导想考验一下他。此时有一个任务，下周有个大集团公司的代表团要来商谈订单，于是领导安排小李协助办公室主任老张做好该项接待工作。小李有些紧张，思前想后决定向办公室张主任请教。老张不慌不忙传授起自己的经验来，本以为接待工作很简单的小李，听完后更紧张了。小李应如何准备这项看似简单实则"暗藏玄机"的任务？正式商务会见需要哪些沟通技能，应做好哪些工作呢？

任务一　有效接待（上）——接待介绍

有效热身

工作任务	接待介绍
建议学时	2学时
教学模式	理实一体化教学
教学方法	任务驱动法、情景模拟法、案例分析法
教学目标	知识目标：熟悉介绍的两种类型，熟悉自我介绍的细分、形式及引荐介绍的先后顺序； 能力目标：能熟练运用介绍相关技巧进行沟通场景训练，能了解在实践中灵活运用介绍的重要性，学会灵活应对不同场景的介绍任务； 素质目标：提高学生的商务沟通能力、团队合作能力、语言表达能力； 思政目标：树立正确的人际交往观，提高主人翁意识，促进礼仪文化在新时期思政教育中的应用。

介绍是沟通中最常见的礼节，是见面相识和建立联系的最初方式。有时我们会把自己介绍给别人，有时又会充当中间人为他人做引荐介绍，面对不同介绍情景该如何处理呢？

解码沟通

扫描二维码，观看视频7-1，说说这几个情景中沟通话语不妥当之处，以及介绍顺序上的明显不当之处。

视频7-1

知识加油站

1. 自我介绍的场合与形式

自我介绍是主动展示自我形象和价值的一种方法和手段，常常决定着更深层次的沟通能否顺利实现。什么场合需要自我介绍呢？

- 工作性场合，如接待、会议、商务活动、面试等公务交往场合；
- 礼仪性场合，如讲座、报告、庆典、仪式等正规、隆重的场合；
- 社交性场合，如宴会、酒会等应酬性或一般的公共场合。

2. 自我介绍的几种类型

（1）简单会面式：适用于一般常见的社交场合，没有太多社交目的，自我介绍最为简单、迅速，往往只需要说姓名。如"你好，我叫××。"

（2）职位介绍式：常适用于工作场合中不同企业、不同部门、不同职位的人见面时对于身份的确认，一般需要报出姓名、工作单位及所在部门、岗位及具体工作内容等。如"你好，我叫××，是××公司的销售部经理。"

（3）兴趣交流式：在某些场合会遇到与自己兴趣爱好等某一特质非常相似的沟通对象，此时希望进一步沟通，应大体介绍姓名、工作、出身地、学历、兴趣爱好等。如"你好，我叫×× 在××公司工作。我是××的同学，都是××人"。

（4）公开演讲式：一些较为严肃正规的公众场合，例如，做专业报告、主持庆典和仪式等需要演讲式的自我介绍，除了要报出姓名、工作单位、职位等基本信息，还应加入一些适当的谦辞、敬辞。如"各位来宾，大家好！我叫××，是××公司的公关经理。我代表公司全体员工欢迎各位专家莅临我司……"。

（5）专业问答式：适用于行业交流、人才招聘和公务来往。问答式，就是根据对方的问题要求来回答即可。

3. 引荐介绍的先后顺序

> 遵守"更受尊重者有优先知情权"的规则，有时又称"后来居上"规则。

介绍的时候我们要简单地介绍如下一些情况，如双方的姓名、籍贯、职业、职位等，便于不相识的两个人相互交谈。如：王院长您好，这位是××大学机电系的李明教授，李教授是美国麻省理工学院的博士，非常精通自动化控制技术。

牛刀小试

请选择自我介绍形式中的后三者中的一种,配合特定情景,进行三分钟自我介绍展示。

抢答闯关

假设你作为下列介绍情景中的介绍者,要为双方介绍彼此,应该先介绍哪一位?请圈出你的答案,3 人为一组进行互相介绍的演练,看看谁是最强引荐人。

- ⊙ 年幼者　年长者
- ⊙ 长辈　　晚辈
- ⊙ 学生　　老师
- ⊙ 女士　　男士
- ⊙ 未婚者　已婚者
- ⊙ 家人　　同事
- ⊙ 来宾　　主人
- ⊙ 下级　　上级

风采展示馆

情景模拟介绍:星海公司董事长、开发部经理和董事长秘书同行作为代表应邀到百乐活公司参加庆典活动。在百乐活公司门口等待的是该公司董事长、市场经理和董事长秘书。双方见面时,应由谁来介绍?介绍的顺序是怎样的?双方结束会面时,应如何道别?请设计两个介绍场景,注意细节的体现。

要求:所有小组上台展示,请设计见面的介绍顺序、礼仪细节与话术,并与同学一起操练。

任务二　有效接待(中)——握手致意

工作任务	握手致意
建议学时	2 学时
教学模式	理实一体化教学
教学方法	任务驱动法、情景模拟法、案例分析法
教学目标	知识目标:熟悉握手的主要方式和具体应用顺序,了解握手礼的常见禁忌; 能力目标:能熟练运用握手礼的相关技巧进行沟通场景训练,能了解握手在商务会面中灵活运用的重要性,学会灵活判断不同场景的握手时机、正确方式与顺序; 素质目标:提高学生的商务沟通能力、团队合作能力、语言表达能力; 思政目标:树立正确的人际交往观,促进礼仪文化在新时期思政教育中的应用。

解码沟通

（1）请你起立跟你的同桌、你周围的同学握握手，并表达你此刻的感受。

（2）表述一次你印象最深刻的握手经历并阐述理由。

知识加油站

1. 握手的关键场合

请大家思考，一般在什么样的情况下人们会握手致意？

> ➢ 见面或者告别；
> ➢ 表示祝贺、欢迎或者慰问；
> ➢ 获得他人帮助，表达感谢；
> ➢ 达成共识，坚定合作信心。

2. 握手的方式

➢ 对等式握手（标准式）：两人的手心都向着对方，适用于初次见面。

➢ 谦恭式握手：即掌心向上的手势与对方握手，表示温和谦让之态。

➢ 支配式握手：用掌心向下或向左下的姿势握住对方的手，较为强势。

➢ 双握式握手：右手紧握对方右手，再用左手加握对方手指、手臂等，表示重视。

➢ 抓指尖式握手：握手时不是两手的虎口相触对握，而是有意或无意地只捏住对方的几个手指或手指尖部。这种方式又称为"蜻蜓点水"式。

3. 握手的先后顺序

➢ 遵守"由职位、身份高者先伸手"的规则。

➢ 在正式社交场合，握手时伸手的先后顺序主要取决于职位、身份；

➢ 在气氛较为轻松的休闲场合，主要取决于年龄、性别。

小故事大启发

在世界所有国家领导人中，握手神功第一，众望所归是特朗普。特式握手神功，大致有两招：

第一招，握得紧。主动伸手，紧紧握住对方。

第二招，拽得狠。趁对方沉浸在握手中，突然狠拽一下，凭借自己的块头和力量，往往将对方拉个趔趄。

最后的结果，至少在握手气场上，特朗普完全占据上风，充分展现了自己是一个强势领导人的风采。

各国领导人为了应对特朗普的握手神功使出了浑身解数，例如，法国总统马克龙在一次正式会谈中在握手时给特朗普来了个"以牙还牙"，在他手上都留下了手印！

（节选自《中国日报网》2018 年 6 月报道）

故事启发：从上述案例中我们可以看出，握手是一种基本礼仪，但人与人之间、团体之间、国家之间的交往都赋予这个动作丰富的内涵。

握手是一种示好的交流，可以冲破双方原本疏远的隔膜，加深双方的信任和默契，同时表示对对方的尊重、祝贺、鼓励等情感，也能传达出一些人的淡漠、敷衍、虚假、傲慢等情绪信号。看似一件小事，如果做得欠妥当，甚至会有损到国家形象，更容易在媒体舆论前被放大。

小贴士 握手礼的禁忌

看了以上案例，请试总结握手礼的禁忌。

× 心神不定（散漫、四处张望、敷衍）；

× 男士握手时戴帽子和手套等装饰物；

× 使用左手（切忌不要用左手与他人握手，除非右手有残疾）；

× 坐着与人握手（坐着握手是不礼貌的，握手一般站着相握，除非身体有特殊情况无法起身）；

× 将一只手插口袋，另一只手与他人相握；

× 与异性握手，在对方不主动且并不热情时使用双手相握。

抢答闯关

1. 选择题：图7-1中握手有何不妥之处（　　　）。
   A. 握手双方的距离太远　　B. 衣着不妥当
   C. 其中一人的手不宜插在口袋里　　D. 目光无交流
2. 选择题：男士和女士初次见面，若女士此时感到不好意思，但此时必须握手，可用哪种方式？（　　　）
   A. 谦恭式　　B. 支配式
   C. 双握式　　D. 抓指尖式

图7-1 握手

3. 判断题：双握式手法让人感受到被尊重，所以任何正式场合都适用。（　　）

风采展示馆

要求：两人一组自由设计角色，设计一定台词，现场演练握手礼。（请至少组织三个来回的对话，并充分演绎情景中应展现的关系）

➢ 左边同学扮演男士，右边同学扮演女士；

➢ 左边同学扮演上级，右边同学扮演下级；

➢ 左边同学扮演长辈，右边同学扮演晚辈；

➢ 迎客时，左边同学扮演主人，右边同学扮演客人；

➢ 送客时，左边同学扮演主人，右边同学扮演客人。

任务三　有效接待（下）——名片的使用

工作任务	名片的使用
建议学时	2学时
教学模式	理实一体化教学
教学方法	任务驱动法、情景模拟法、案例分析法
教学目标	知识目标：了解名片的存放技巧，正确掌握名片的交递技巧； 能力目标：能熟练运用名片交递的相关技巧进行沟通场景训练，能了解名片礼仪在实践中灵活运用的重要性； 素质目标：提高学生的商务沟通能力、团队合作能力、语言表达能力； 思政目标：树立正确的人际交往观，促进礼仪文化在新时期思政教育中的应用。

解码沟通

扫描二维码，观看视频7-2，结合社交礼仪规范，思考该视频中的男士在交换名片时犯了哪些大忌。

视频7-2

知识加油站

都说名片是职场人的"第二张脸"，在人际交往中名片就像一封精练的介绍信，记载着我们姓甚名谁、职业身份及联系方式，给他人留下美好光鲜的"第一眼"印象。当你有了一张精美名片后，该如何将它顺利递交给对方呢？

（1）递名片的先后顺序：
- 地位较高者先递：例如，客户、长辈、上级或重要嘉宾应首先被邀请递出名片；
- 男士先向女士递；
- 年轻者先向年长者递；
- 客人先递；
- 多人场合的递送顺序：可以按照顺时针方向依次递送名片，或者根据与会者的职位、地位或重要性来决定递送顺序。

（2）递名片时的注意事项：
- 确保名片干净整洁，准备足够的数量；
- 使用双手递送名片，正面朝向对方；
- 自我介绍后递送名片，避免用餐时交换；
- 简短介绍自己的名字、职位和公司名称；
- 面带微笑，保持自然的眼神交流。

（3）接名片时的注意事项：
- 用双手接过名片（见图7-2），仔细查看信息；
- 对对方表示感谢，并简短重复对方的名字；

图7-2　名片接收姿态细节

> 将名片小心地放入名片夹或文件夹中；
> 如果提到后续联系计划，记得及时跟进；
> 避免不当行为，如玩弄自己的名片或进行其他无关活动。

小贴士 名片准备锦囊

⊙日常收纳：使用名片盒或名片夹妥善存放，保持整洁有序，并可根据需要进行分类管理。

⊙会面准备：在沟通前，预先挑选并准备好所需名片，将其放置于易于取用的位置，如男士可置于西装内袋，女士则可放在随身包包的便捷隔层中。

拓展链接

名片的由来[1]

名片作为社会交往的工具，在中国已有两千多年的历史。名片，古称谒、名刺、名贴、手本等，早在秦汉时期就已经有了。如果细细区分，早期的名刺、名帖等更像现代的请柬，与后来的名片还是有一些区别的，写着姓名的小卡片是从明末开始盛行的。记载中说始于崇祯时期，当时官方对于互相"请托"、走门子、找关系进行控制，所以人们来往时常常使用这种小名片，投送起来比较方便。

早期的名片多用木或竹制作，汉代后始改用纸。清人赵翼曾考证说："古人通名，本用削木书字，汉时谓之谒，汉末谓之刺，汉以后则虽用纸，而仍相沿曰刺。"《汉书》中讲到郦食其见刘邦的故事中，郦食其手中拿的"谒"，实际上就是竹制的名片，上面记录了主人的姓名、籍贯、官职等，甚至还写上要办的事情，已经具备名片的基本功能了。

名片作为等级社会的一个产物，也必然打上等级的烙印。明代亲王的名片，例不称名，有书王者，有书别号者，用以表现名片持有者地位的尊贵。清代虽未见到此类明确记载，但李鸿章的名片只印了"李鸿章"三个字，因为其名声显赫，无需其他信息。清代，名片的使用反映了当时的等级制度，如学生拜见业师，下级拜见上级，常常要先投片，而上级则一般不会给下级名片。

名片作为一种社交工具，有时不免被滥用于权谋和请托，甚至在诉讼中作为请求帮助的手段。在道光年间的杭州等地，一些豪绅和显贵们甚至将他们的名片作为案件背景资料，夹在卷宗里以影响审判结果。有时，显贵的本族或亲友也会借用这些名片来增加影响力，地方官员也往往会给些面子。例如，道光时期的一位县令段光清在初次审案时，就发现卷宗中有一张当地乡绅的名片，这通常意味着该案件背后有某位显贵的支持或关系网，希望县令在审理时能给予照顾。

---

[1] 节选自潘洪钢《清人的名片》，山东大学出版社，民俗研究，2007年第1期。

牛刀小试

情景1：学生3人一组进行名片使用训练，两两轮流搭档，第三人充当观察者进行礼仪指导。

情景2：在一次产品展销会上，××公司的经理陈益强计划拜访当地知名企业——合众集团的李总经理、赵董事长、陈总经理（女士）。他事先准备好了自己的名片，在展销会后的聚会上，陈经理见到了这几位久仰的企业家，那么，陈经理应该如何恰当地与对方分别交换名片？

要求：请几位同学面向全班同学进行模拟表演，然后全班讨论，看看哪里做得对哪里做得不对，不仅要看顺序的对错，还要关注递接名片的动作，并说出理由。

沟通工作室

天禧公司胡经理在会客厅会见一个对公司非常重要的客户。简单沟通后，客户就将名片递给了胡经理。胡经理把名片放在桌上，与客户继续商谈，片刻后秘书将茶水递上。胡经理喝了一口后就将茶杯放在了名片上且丝毫没有察觉，然而客户皱了皱眉头，没有多说但略带不悦。

请讨论：

（1）王经理有何失礼之处？

（2）接到对方的名片后应如何放置？

风采展示馆

请各小组准备一次正式接待，学生分角色扮演，公司领导1名，预约的访客1名，接待人员1名，请自行准备需要用到的工具和材料，进行情景模拟视频拍摄。

要求：自行拍摄3分钟视频，准备接待需要用到的茶水、材料和名片等，整个过程需完整，结合本训练单元的几个技能训练项目（接待介绍、握手致意、名片的使用）进行综合风采展示，评出最佳接待员/接待小组。

实训提示：接待过程中要注意哪些细节？

➤ 积极接应：重要的有约接待一般要提前到单位门口或车站、机场等待。主动上前礼貌地确认对方的姓名和身份，待确认后做简短的自我介绍。如果对方有行李，要主动提出帮助，如果对方拒绝，不要强求。如需乘车，应礼貌指明客人的座位，并等客人落座后再上车并关车门。

➤ 引导得当：引导客人落座、奉茶，并根据具体情况决定是向领导引见还是先行交谈。如果有工作需要离开，应向对方说明情况并请求原谅或安排其他人员陪同。在工作间隙，要适时询问客人的需求，以免让对方有被冷落的感觉。

➤ 主动送别：客人起身告辞时，应立即起身，一般送至楼梯口或电梯口即可，对于重要客人则应送至门口。如客人有行李或较重物品，应帮助携带。与客人告别时，应以恭敬真诚的态度握手并道别。送别后不可立即离开，应面带微笑，挥手致意，等客人离开视线后再离开。

任务四　用语言准确传情达意

准确传情达意

工作任务	用语言准确传情达意
建议学时	2学时
教学模式	理实一体化教学
教学方法	任务驱动法、情景模拟法、案例分析法
教学目标	知识目标：掌握即兴表达流程与技巧，注意语音语调表达中的重音运用技巧； 能力目标：能熟练运用即兴表达技巧对现有主题进行即兴语言展示，能了解重音在语言传情达意中灵活运用的重要性； 素质目标：提高学生的语言表达能力、作品共情能力； 思政目标：树立正确的语言表达观，传播"中国好故事"，提升主流媒体在新时期课程思政教育中的共情影响力。

生活中除在特定场合中的正式发言外，更多的是即兴或随机的交流，是碎片化的，如师生交谈、朋友聊天等。一次偶然的对话可能发生在公司的电梯间、停车场、餐厅或其他有可能的场景，随时会遇到对你来说非常重要的人物，一旦轻视，你可能会失去一次展示自我、获得认同或改变事业的机会。

解码沟通

扫描二维码，观看视频7-3，说一说该视频中的女车主行为你是否认同，同时结合事件，说说在这个事件中双方在沟通中存在什么问题。

视频7-3

知识加油站

1. 即兴交流的准备

（1）调整心态。要想在交流中获得好的效果，首先要有想要影响别人、感染别人的意愿，即使是争论吵架，也要表达观点，要有影响和改变别人的心理过程，只会骂脏话而说不出观点和理据的人，只会激怒对方而解决不了任何问题。在奔驰4S店与女车主维权事件中，虽然女车主反应有些过激，实则是在据理力争无果后做出的无奈之举，因此获得了较多舆论的支持。同时，还要避免交流时一上来就将自己置于不自信的位置，让对方感觉到难以"接话"。

（2）做好充分准备。即兴交流的反应力来源于背后的准备。首先要做常识的准备，包括可能遇到的典故、成语、历史人物的名称等，另外与你所接触这件事有关的专业知识，如西安车主事件中的证据和法律支持；还有一些经验性知识，比如个人经验和这件事的关系等。另外，要做其他的一些准备，比如了解你的听众情况，了解场地情况，某些场合还要了解主题等。

在一些特定重大场合，虽然是即兴发言，同样要做充分的准备。著名首相丘吉尔的司机某天送他前往一个集会，到了之后司机为他开门请他下车，可是他半天没有下车，继续在车内看东西。他说："等等，我在看我的即兴演讲稿。"即兴演讲一般不需要准备稿子，但是即使像丘吉尔这样的演讲大咖，在重大的场合仍然做足准备，甚至写成稿子把它记下来。

2. 即兴交流的表达技巧

在即兴交流时，可遵循"引发注意—抛出要点—论证过程—呼吁号召"的思维顺序。

（1）引发注意：我们一般用比较积极的开场白来引发别人的注意，比如"嘿，我正要找你，我想有一件事你会有兴趣。""我最近看了你的朋友圈，我发现我们俩有很多共同的爱好。"

（2）抛出要点或观点：一句话就能把这个观点说清楚，要有吸引力，承载你的理念。最好是积极正面的。观点必须要有，没有观点所说的话就显得不知所云。

（3）论证过程：

➢ 时间顺序：比如"从时间来说合作是可靠合理的"。

➢ 原因顺序：比如"我觉得我们应该有很多可以合作的地方，第一个原因……"。

➢ 方法顺序：比如"我们要加强我们在互联网上的推广，主要方法有……"。

➢ 情况和应对方法：比如"我们最近遇到一些难题，可能需要领导的一些支持"。

（4）呼吁号召：这里可以展示出对话题的领导力来。比如：我想听听您的意见/我们需要做一个决定/我们接下来的步骤是安排谁和谁对接/我相信你会做得很好/我希望我们能够尽快落实达成的协议，很高兴与你们并肩战斗。

假设一个新来的同事要和客户见面，要你作为前辈指导他一下。这是一个简短的即兴演讲。那我们该怎么说呢？

我们可以采用"四步走"的思维顺序，例如：

"我非常期待你和客户的面谈。"（引发兴趣）

"现在是我们与客户建立关系的绝佳机会。"（抛出观点）

"我知道他们要选一个新的供货商，而他们想要的产品是我们能提供的。"（论证过程）

"我相信你一定能够做到。"（呼吁号召）

小贴士 即兴表达时的"抑扬顿挫"之重音技巧

重音在说话中具有显示语句主次关系和调节语气气息的作用。同一句话停顿点不同、字词的重音不同会表达出完全不同的句意。抑扬顿挫的精准重音能够产生较好的沟通效果，比光靠文字强得多。

名人屋 跟名人学沟通

丘吉尔是唯一一名获得诺贝尔文学奖的国家首相。他在二战时的数次即兴演讲对稳定军心、民心起到了重要作用。丘吉尔在战时发表了多篇演讲，其中最著名的："*Blood,*

Toil, Tears and Sweat"("热血、辛劳、眼泪和汗水"),是他在 1940 年被任命为首相后在国会上的演说辞。丘吉尔在其演讲中多次发出战斗到底的誓言,表达了英国人民的心声。

他说:"我们将永不停止,永不疲倦,永不让步,全国人民已立誓要负起这一任务:在欧洲扫清纳粹的毒害,把世界从新的黑暗时代中拯救出来。……我们想夺取的是希特勒和希特勒主义的生命和灵魂。仅此而已,别无其他,不达目的,誓不罢休。"

丘吉尔在世人心目中已成为英国人民英勇不屈的斗争精神的集中象征。《星期日泰晤士报》曾评论说:"温斯顿·丘吉尔不仅是英国精神的化身,而且是我们的坚强领袖。不仅英国人,整个自由世界都对他无比信任。"

丘吉尔的头上戴有许多流光溢彩的桂冠,他是著作等身的作家、辩才无碍的演说家、经邦治国的政治家、战争中的传奇英雄。他一生中写出了 26 部共 45 卷(本)专著,几乎每部著作出版后都在英国和世界上引起轰动,获得如潮好评,被翻译成多国文字在世界各国广为发行。正是由于丘吉尔对创作的热爱及身为政治家的见识和气魄,让他留下了数篇流芳后世的经典演讲。他的演讲不是一蹴而就的,是源于他丰富人生阅历和对生命、人民的热爱所迸发的力量。

试分析丘吉尔演讲深入人心的原因。

牛刀小试

场景 1:比较下面的话,看不同的重音表达效果有何不同。

1. **明天**公司准备进一批二手笔记本电脑。(不是今天)
2. 明天**公司**准备进一批二手笔记本电脑。(强调是本公司)
3. 明天公司准备进**一批**二手笔记本电脑。(不是两批或三批)
4. 明天公司准备进一批**二手**笔记本电脑。(不是新电脑)

场景 2:用不同的重音处理同一句话的不同语气。

✧ 我请你跳舞

A. 请你跳舞的不是别人

B. 怎么样,给面子吧?

C. 不请别人

D. 不是请你唱歌

场景 3:更多重音形式的训练。

1. 并列性的重音

当然,能够只是**送出去**,也不算坏事情,一者见得**丰富**,二者见得**大度**。——鲁迅《拿来主义》

2. 对比性重音

我爱**热闹**,也爱**冷静**,爱**群居**,也爱**独处**。——朱自清《荷塘月色》

3. 排比性的重音

它既不需要谁来**施肥**,也不需要谁来**灌溉**。狂风**吹不倒**它,洪水**淹不没**它,严寒**冻不死**它,干旱**旱不坏**它。它只是一味地无忧无虑地生长。——陶铸《松树的风格》

4. 转折性的重音

他们可以承担一个浩大的战争，可以承担重建家园的种种艰辛，可是却承担不了如此沉重的离情。——魏巍《依依惜别的深情》

沟通工作室

视频 7-4

要求 1：扫描二维码，观看视频 7-4，选出你最喜欢的片段，并阐述你的理由。

要求 2：请选择视频 7-4 中任意一段内容作为形式参考，结合自己的真实经历，用真情实感完成一段 3~5 分钟的个人即兴演讲，主题自拟。注意结合即兴演讲的"四步走"要点，要有观点的输出，并有真情实感的呼吁。在演讲中注意重音技巧。

任务五　用非语言准确传情达意

工作任务	用非语言准确传情达意
建议学时	2 学时
教学模式	理实一体化教学
教学方法	任务驱动法、情景模拟法、案例分析法
教学目标	知识目标：掌握表情语、肢体语、仪容仪表的职场运用技巧； 能力目标：能熟练运用表情语、肢体语、仪容仪表技巧对职场沟通场景进行展示，能综合运用这些非语言准确传达信息； 素质目标：提高学生的非语言表达能力、人际交往领悟能力和团队合作能力； 思政目标：树立正确的人际交往观，提升商务沟通非语言信息感悟力

在面对面沟通中，语言是表达的主要内容，那么表情、动作等非语言元素又能传递什么呢？这正是研究非语言沟通的意义所在——身体同样能够"说话"。尽管非语言沟通常被视为辅助性的角色，但在信息传播过程中，许多微妙的语义差异正是通过非语言符号来传达的。当面对传达相同信息的两个人时，人们往往会借助非语言符号中的信息来做出判断。因此，现在有各种专门研究微表情和肢体语言的专家，他们的出现标志着非语言沟通地位的提升。接下来，我们将通过表情语、肢体语、仪容仪表三个方面来解读非语言沟通的信号差异，并进行相应的技巧训练。

解码沟通

任务 1：你认为人类六种基本表情应该是什么？
任务 2：请查阅资料，解读"ok"的手势在不同国家的不同含义。
任务 3：假设你要参加一个面试，描述你认为合适的穿着和妆容。

知识加油站：

1. 表情语的运用

一个人的喜怒哀乐往往会随着不同场景而展现在脸上。这种通过面部肌肉的运动所传递的信息就是表情语。罗兰曾感叹道："面部表情是多个世纪培养成功的语言，它比嘴里讲的语言要复杂千百倍。"

如果将对一个人的总体印象假定为100%，那么其中75%的印象则来自于此人的表情。据专家分析，健康的表情在对方的心中留下的印象是十分深刻的，它属于给人的第一印象。

在交际场合中，我们应该尽力使自己的表情放松和自然，通常把握住目光的友好和表情的亲切这两点，很多关系就能够轻松建立起来了。

在中国，眼睛被比喻为"心灵的窗户"，而在西方则被比喻为"灵魂的窗口"。因为眼睛能如实反映人的喜怒哀乐等细微情感。

小贴士　目光与微笑的艺术：交际中的无声语言

目光礼小窍门：
> 保持坦然、亲切与大方，让眼神成为友好交流的桥梁。
> 避免长时间凝视，除非在征求对方意见或全心投入倾听时，以免造成不适。
> 切记，在他人凝视时不应刻意回避对方目光，以免显得缺乏自信或诚意。

微笑的魅力：

微笑，这一最美好的交际语言，是自信与礼貌的闪耀标志，更是传递真诚情感的桥梁。在各类场合中灵活运用微笑，能够有效地表达情感，激发周围人的积极情绪，营造和谐氛围。

正如希尔顿酒店董事长所言："酒店第一流的设备重要，而第一流的微笑更为重要。如果缺少服务人员的微笑，就好比花园失去了春日的阳光和春风。"

2. 肢体语的运用

肢体语言又称身体语言，是指通过身体的各种动作来代替或辅助语言，从而达到表情达意的沟通目的。在公众场合需要避免以下肢体语。

（1）高频率捋头发或摆弄饰物：有时候男生和女生都会因为在社交场合中不自在或想暗示某些含义而高频率摆弄身体、头发、饰物等。这样做会给对方一种不尊重人和不稳重的印象。

（2）挤眉弄眼：很多人在交际中喜欢挤眉弄眼地说话，过分的眉飞色舞给人感觉并不舒服，会给人感觉所说内容有夸大的成分，不真诚。

（3）在笔记中随意涂鸦：如果被对方看见你的动作，会让对方觉得你对现在谈话内容十分不感兴趣，显得非常散漫和不重视。

（4）坐立不安：给人不安甚至是厌烦的感觉，好像等不下去了，感觉很不舒服。

（5）没有目光接触：会给对方冷漠感，甚至引起对方的紧张。

（6）打哈欠、抖脚、转笔等轻浮行为：这些都说明注意力不集中，甚至带有轻浮感。

3. 仪容仪表的运用

（1）整洁为本，兼顾典雅与时尚：整洁是职场着装最基本的要求，而在此基础上，将典雅与时尚巧妙融合，既展现活力又不失稳重，方为优秀的职场装扮之道。

（2）避免华丽，追求和谐氛围：衣着过于华丽实为职场大忌，它如同浓烈的色彩一般，过于张扬，难以与办公室内严肃而冷静的工作氛围相融合。浓重的色彩往往蕴含情绪的波动，与职场所需的理智与冷静背道而驰。因此，在职场装扮中，我们应注重色彩的和谐与平衡，以营造更加专业、高效的工作环境。

小贴士 职场形象三要素：装扮、表情与仪态

➢ 装扮：品味的无声宣言

一个人的装扮不仅直接映射出其品味与气度，更是专业形象的重要组成部分。

➢ 表情：企业文化的微缩景观

面部表情是外界观察公司文化及个人素养的一扇窗，它能够微妙地传达出企业文化氛围及个人的专业态度。

➢ 仪态：团队精神的隐形纽带

良好的仪态不仅是个人修养的体现，更是企业内部团队建设不可或缺的一环，它如同玄关一般，体现着个体的行为规范与团队的整体风貌。

拓展链接

为何六种基本表情中，负面情绪占了上风？[①]

地球上的动物常常身处充满危险的环境中，天敌的威胁无处不在，更别提洪水、干旱等自然灾害的不断侵扰。在所有情绪中，恐惧是最原始和古老的一种，它像一个忠诚的警报系统，警告我们远离危险，预防潜在的风险。

人类的生活往往伴随着更多的不幸而非幸运，正如古希腊诗人荷马所言："神赐给我们的快乐总是伴随着双倍的痛苦。"作家张爱玲也感叹："人生漫长而磨难重重，而快乐却转瞬即逝。"人们往往将好运视为理所当然，而对不幸的经历则记忆犹新，正如谚语所说："一次被蛇咬，十年怕井绳。"这种深刻的记忆有助于我们避免重复错误。古人的智慧告诉我们，生于忧患而死于安乐，即使在安逸中也要警惕潜在的危险。这也解释了为什么在基本情绪中，负面情绪往往占据主导地位。

◇ 人类的六种基本表情包括：

✓ 愤怒：眉毛下垂，前额紧皱，眼睑和嘴唇紧张。

✓ 恐惧：嘴巴和眼睛张开，眉毛上扬，鼻孔扩张。

[①] 节选自达尔文《人类和动物的表情》译文书，北京：北京大学出版社，译者周邦立，2009年。

✓ 厌恶：皱鼻，上嘴唇提升，眉毛下垂，眼睛眯起。

牛刀小试

你能辨别出下列表情分别对应的是什么表情吗？请将图片（见图 7-3）和表情描述一一对应。

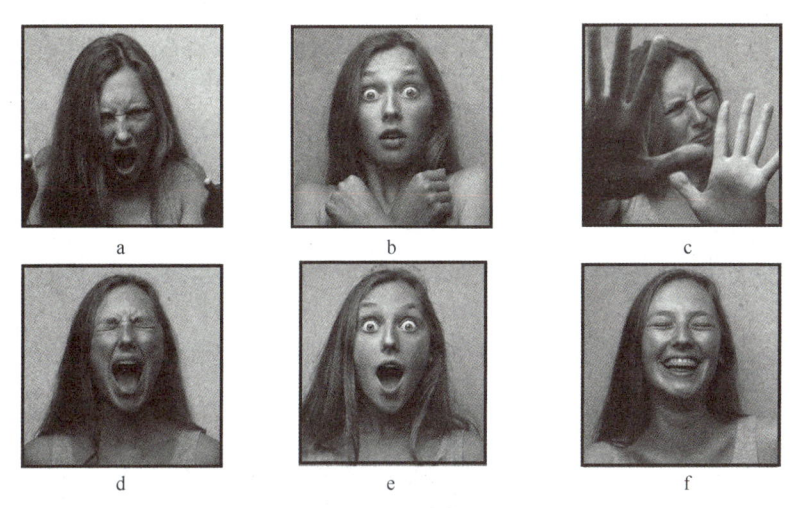

图 7-3 微表情图例

愤怒　恐惧　厌恶　悲伤　惊讶　快乐
a ____　b ____　c ____　d ____　e ____　f ____

风采展示馆

情景 1：请结合你自身的经历，再尽可能多地描述新时代层出不穷的各种新表情，并阐述它的来源、运用的场景和特定的含义。

情景 2：语言表情小训练

请五位同学说同样的一句话："我不认识她"。但是要通过控制声音的高低、速度、音量，以及重音的位置，来表达不同的情绪。请从下列情绪中任选一种：

生气的时候　　讽刺的时候　　惊讶的时候
厌恶的时候　　悲伤的时候　　快乐的时候

跟影视学沟通

扫描二维码，观看视频 7-5，通过表情语解读的不同场景，总结微表情的解读在现代社会可以发挥哪些作用。

视频 7-5

人际沟通实务

小故事大智慧

经典名著《三国演义》中有一个家喻户晓的故事就是"空城计",其中最著名的情节就是"武侯弹琴退仲达"。诸葛亮守着空城,在城楼上镇定自若,焚香弹琴。司马懿带着大军扑向空城,后不战自退。

诸葛亮妙用非语言沟通的技巧传递给司马懿一个信息,再结合司马来懿对他一向谨慎,不曾冒险的认识,吓退了司马懿 15 万大军,因而转危为安。由此可见,在非语言信息的传播领域里,可以说是"眉来眼去传情意,举手投足皆语言"。

沟通工作室

任务 1:坐有坐相,站有站相

"相"其实就是仪态。作为企业形象代表应该修炼自己的仪态,让自己更加美丽动人。

(1)观察图 7-4 中坐姿和站姿,判断其是否端正,并指出其坐姿或站姿的不足之处。

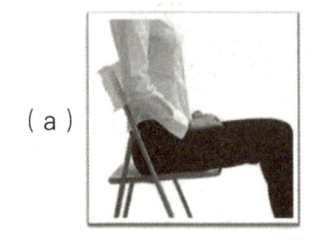

图 7-4 坐姿和站姿

(2)指出图 7-5 中女士和男士站姿、坐姿的不同特点。

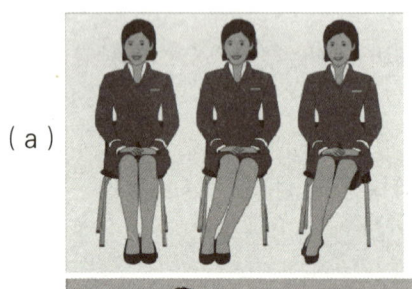

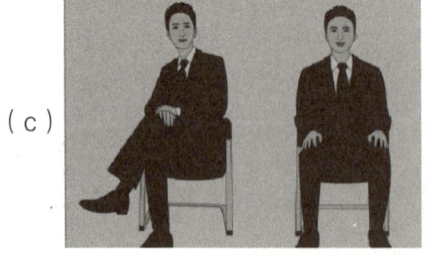

图 7-5 女士和男士的坐姿、站姿

任务 2：面试着装怎么穿

假设你要参加一个面试，请从下列三种穿搭中（见图 7-6）选出你认为最合适的着装并说明理由，若没有合适的，请描述你认为最恰当的着装。

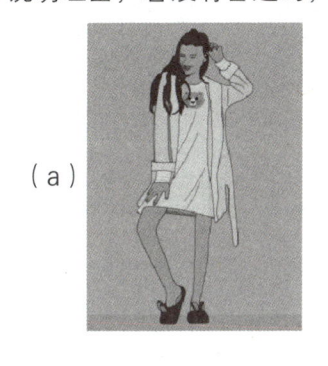

（a） （b） （c）

图 7-6 穿搭

任务 3：你的心思他永远不懂[①]

星期五下午 3：30，宏达公司经理办公室。

经理助理李明正在起草公司上半年的营销业绩报告。这时公司销售部副经理王德全带着公司销售统计资料走进来。

"经理不在？"王德全问。

"经理开会去了。"李明起身让座，"请坐。"

"这是经理要的材料，公司上半年的销售统计资料全在这里。"王德全边说边把手里的资料递给李明。

"谢谢，我正等着这份材料哩。"李明拿到材料后仔细地翻阅着。

"老李，最近忙吗？"王德全点燃一支烟，问道。

"忙，忙得团团转！现在正忙着起草这份报告，今晚大概又要开夜车了。"李明指着桌上的文稿回答道。

"老李，我说你呀应该学学太极拳。"王德全从口中吐出一个烟圈说道，"人过四十，应该多多注意身体。"李明闻到一股烟味，鼻翼微微动了一下，心里想："老王大概要等这支烟抽完了才离开，可我还得赶紧写这篇报告。"

"最近，我从报上看到一篇短文，说无绳跳动能治颈椎病。像我们这些长期坐办公室的人，多数都患有颈椎病。你知道什么是'无绳跳动'吗？"王德全自问自答地往下说，"其实很简单……"

李明心里有些烦，可是碍于情面不便逐客，他瞥了一眼墙壁上的挂钟，已经 4：00 了，李明把座椅往后挪了一下，站起来伸了个懒腰说："累死我了。"李明开始动手整理桌上的文稿。

"'无绳跳动'与'有绳跳动'十分相……"王德全抽着烟，继续着自己的话题……

请分析该案例中非语言沟通的运用。

[①] 资料来源：康青编著，《管理沟通》，北京：中国人民大学出版社，2018 年。

游戏互动

以小组为单位,派出 2 组队员进行两两配合的"你比我猜"活动,一名队员进行比画,不可发出声音,只能用表情和肢体来形容屏幕上的词语,由搭档猜测。限时 3 分钟,看看哪组猜的最多。

训练单元八　会议沟通技能

单元学习思维导图

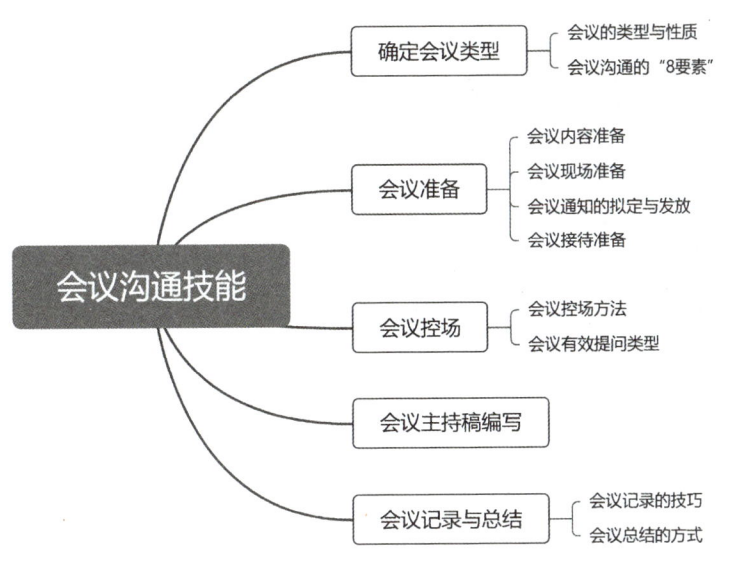

```
                    ┌─ 确定会议类型 ─┬─ 会议的类型与性质
                    │                └─ 会议沟通的"8要素"
                    │
                    ├─ 会议准备 ─┬─ 会议内容准备
                    │            ├─ 会议现场准备
                    │            ├─ 会议通知的拟定与发放
                    │            └─ 会议接待准备
    会议沟通技能 ───┤
                    ├─ 会议控场 ─┬─ 会议控场方法
                    │            └─ 会议有效提问类型
                    │
                    ├─ 会议主持稿编写
                    │
                    └─ 会议记录与总结 ─┬─ 会议记录的技巧
                                       └─ 会议总结的方式
```

情景导入

据统计，在中国职场中，近60%的员工每隔一天就参加一次会议，高达14%的员工每天都在开会，还有些企业高管甚至每天要应对2～3次会议。但是调查显示，其中有86%的人觉得有些会根本没必要开。相信无论你是会议组织者，还是参会者，一些冗长却成果寥寥的会议一定让你深恶痛绝，学会高效开会，迫在眉睫！

任务一　确定会议类型

工作任务	确定会议类型
建议学时	1学时
教学模式	理实一体化
教学方法	启发式教学 + 模拟演练
教学目标	知识目标：掌握不同会议类型的特征和会议沟通"8要素"； 能力目标：能够运用会议沟通"8要素"进行会议要点梳理，熟悉会议类型并针对不同情景进行运用； 素质目标：了解会议开展的重要性，熟悉会议组建前需要明确的关键要素； 思政目标：尊重会议的开展，提高服务意识，加强主人翁意识、责任担当。

通常人们把会议简称为会。但严格说来，聚而不议（不讨论、不交换意见或看法）者谓之会；聚而又议（讨论、协商、交换意见或看法）者称之为会议。

解码沟通

某纺织公司的技术部门决定提升工艺流程效率,想推行工艺重组,但推行中遭到了工人的强烈阻挠和抵制。为了实施计划的顺利推行,公司管理层采用了三种不同的方法。

方法一,第一组工人,向他们解释工艺改革的目的和要推行的新标准及方案的重要性,同时给他们一个反馈的时间;

方法二,第二组工人,告知他们有关工艺流程中存在的问题,接着展开讨论,得出解决办法,最后派代表制定新的工艺标准;

方法三,第三组工人,要求所有人都必须参与讨论,随之建立和实施新的标准和工艺流程。

一个月后查看结果显示,虽然第一组工人的任务最简单,但他们的生产效率没有任何提高,而且对推行改革的抵制呼声越来越大,在 30 天内有 25% 的工人离职;第二组工人在半个月内恢复到原来的生产水平,并在生产效率上有一定的提高,对公司的忠诚度也表现不错,没有人离职;第三组工人在施行方案的第三天就突破原来的生产水平,半个月内生产效率提高了 24%,且没有工人离职。

试分析为什么三种方法会产生不同的效果。

知识加油站

1. 会议类型与性质

会议的类型按照不同分类标准会有不同划分方法。在此列举以会议目的为主的四种代表性会议类型,如图 8-1 所示。

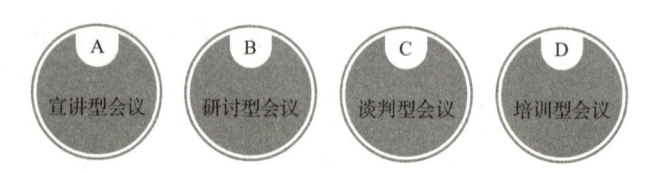

图 8-1 会议的分类(按目的分)

A 宣讲型会议　B 研讨型会议　C 谈判型会议　D 培训型会议

(1)宣讲型会议:这种会议主要是单向的信息流向,用于分配团队任务、共同学习重要文件、明确计划和任务布置等。通常根据本单位及本部门的工作内容要求,研究和讨论工作的具体安排或进度汇报。例如:工作例会、学习会议、紧急事件通知会议等。

(2)研讨型会议:这类会议针对重要主题展开研讨,收集意见和反馈,鼓励广泛的讨论和踊跃提问。通常在作出重大决策及具体开展工作之前,聚集公司内部相关人士和行业专家对决策目标和方案进行可行性咨询和论证。例如:内部方案论证会、投资研讨会等。

(3)谈判型会议:这种会议用于解决争端或冲突,讨论是双向进行的,旨在达成双方的一致谅解。通常围绕商业活动达成合作事宜,签订合同协议。例如:订货会、商务洽谈会等。

(4)培训型会议:此类会议组织严密,仅限特殊人员参与,参会者进行知识讲授及经验交流。通常为了提高员工的工作能力和职业素养，拓宽其知识面，而特别邀请行业专家进行针对性培训。例如：某行业技能证书培训、员工职业形象管理培训等。

2. 会议沟通的"8要素"

（1）发起者：明确是谁发起这次会议。
（2）听众：确定你的受众（参会者）。
（3）目标：明确所寻求的会议结果。
（4）背景：考虑会议发起的具体环境。
（5）消息：精心组织会议通知和议程内容。
（6）媒体：选择合适的媒介来传播会议结果。
（7）反馈：重视与会者的反馈。
（8）噪音：注意会议过程中的各种干扰因素，并采取措施进行解决。

拓展链接

我们为何需要会议？

✓ 上情下达，交流信息。通过会议，管理者可以传达指令给下属。同时，从反馈的角度，管理者也可以从下属处得到工作反馈并进一步改善。

✓ 明确目标，给予指导。管理者下达指令时可召开会议做详细说明，并指导员工如何更好地完成任务，或者适度安排工作指导培训。

✓ 明确奖惩，激励员工。为了激发员工的工作积极性，管理者可以表彰或惩戒在工作中表现突出或者不足的员工。

✓ 集思广益，作出决策。会议可以帮助公司营造民主开放的氛围，给员工一个机会共同参与和讨论公司各项事宜，不仅可以集思广益选择良策，还可以笼络人心。

牛刀小试

1. 请分享你所能想到的会议形式并阐述它的必要性。
2. 请学生中担任学生干部经历较多的同学分享对会议的见解，再请参加会议次数较少的学生分享见解，搜集大家对于有效会议和无效会议的看法。

风采展示馆

情景要求：学校接到紧急任务要给全校的学生开设心理健康大排查，领导决定将这个任务交给学生会的学生来负责做动员，如果你是此次动员会议的负责人，你将如何定位你要开的会议并做出什么样的初步会议安排？

以小组为单位，确定会议类型，并请用会议沟通的"8要素"进行剖析，拟定一份会议动员词。

任务二　会议准备

工作任务	会议准备
建议学时	2 学时
教学模式	理实一体化
教学方法	启发式教学 + 案例分析 + 模拟演练
教学目标	知识目标：掌握会议前期准备的主要环节，注意主客安排次序与各项准备要点； 能力目标：能够灵活准备好会议的每个细节，熟悉会议场地布置中的相关技巧，学会拟定会议通知； 素质目标：会议开展前能做到万事齐备，提高自身的服务意识； 思政目标：尊重会议双方到会对象，以积极心态和充分准备迎接会议，加强主人翁意识与责任担当

解码沟通

小李大学学的是文秘专业，毕业后到某公司任办公室文员。办公室主任打算在下周召开一次全公司的内部会议，让小李负责会议的组织，但小李由于缺乏经验，在会议组织工作中漏洞百出，问题频现，会议进行得很不顺利。

思考与讨论：

1. 组织会议的关键是什么？
2. 如果你是小李，你在组织会议时应如何做？

知识加油站

1. 会议内容准备

（1）明确会议的必要性和目的。在会议内容准备中，最为关键的是明确会议的必要性和目的。许多职场人士认为会议烦琐且无必要，或者过于冗长，这往往是因为他们不了解会议的目的或未认识到其重要性。因此，会议组织者必须清晰地界定会议的必要性，明确是否需要召集人员来完成特定的任务。

那么，哪些情况下必须召开会议呢？

➢ 如果需要同时向多人传达信息；
➢ 如果需要在众人面前表扬或批评某些人；
➢ 如果希望更多人参与决策过程；
➢ 如果需要听取部门的汇报工作；
➢ 如果需要为小组分配任务并提供指导。

（2）设计会议议程。会议议程的设计主要包括确定会议环节、主持人、发言人员、出场顺序、发言时长、茶歇安排及答疑环节等。具体设计还需根据会议允许的时间和参会人员的发言长度等因素来调整。一般来说，大型会议由身份较高的参会者或组织者进行开场发言，随后再进入其他环节。

> **小贴士** 会议议程的安排顺序
>
> ✓ 由重要到不重要；
> ✓ 由不尖锐到尖锐；
> ✓ 由容易到困难。

2. 会议现场准备

（1）会议资料准备：通知信、邀请函、签到表、主持词、拍摄媒体、就餐安排、交通指引、住宿安排、参会通信录、展示 PPT、会议资料等。

（2）场地和时间规划：确定主协办单位名称、会议地点、会议时长、参会的重要人员，并综合考量预算等因素。

（3）准备与会人员名牌与签到表。其首要原则是少而精，尽量简化流程，提高效率。对于信息通知型会议，通知所有需要了解会议内容并做决策的人员参加。对于决策讨论型会议，邀请对决策有影响或有贡献的智囊团成员，以及能对实施计划做出承诺的成员参加。

（4）确定会议主持人。会议的成败在很大程度上取决于会议的主持人。作为优秀的会议主持人，不仅主持会议，而且要以政治家、鼓动者、调解人或仲裁人的角色参与会议；作为主持人，应具有敏捷的思维，沉着自信，表达能力强，富有幽默感，并且具有较强的领导能力。

3. 会议通知的拟定与发放

（1）通知拟定。会议筹备就绪后，根据会议性质选择书面或口头通知方式，确保与会者提前准备。书面通知应包含标题、正文（会议详情）、署名及日期，必要时加盖公章。

（2）发送与确认。提前发送通知，附回执以便确认。细致核对参会者信息，确保通知准确无误。必要时，通过电话或其他方式进一步确认参会意向。

（3）分发预览资料。及时分发会议相关材料，确保每位参会者提前了解会议内容。

4. 会议接待准备

接待到访本单位的各方人员是职场交流与沟通的重要组成部分。接待工作的好坏，不仅体现了接待人员本身的素质、能力、水平，更展示了一个单位的工作作风和外在形象。

（1）确定来宾类型。按照国籍可分内宾接待和外宾接待，按照预约情况可分有约接待和无约接待，按照来访人数可分为个人接待和团体接待。

（2）了解来宾基本信息。要了解来宾的基本信息，如人数、性别、年龄、民族、基本生活习惯、社交风俗等。

（3）做好接待环境准备。接待场地的环境整体要明亮、干净、无异味。准备好接待用品，如足量的桌椅、饮品、点心等。检查好现场设备，以防出现问题，耽误沟通进程。

（4）做好会议资料准备。准备好双方需要沟通的相关背景资料，如产品情况、项目介绍、公司介绍、部门设置、员工情况等。

> 拓展链接

座位安排与会议场地布置

1. 会议场地的桌椅布局

会议场地的桌椅布局对于会议的成功至关重要，以下是六种常见的布局形式及其适用场合，如图8-2所示。

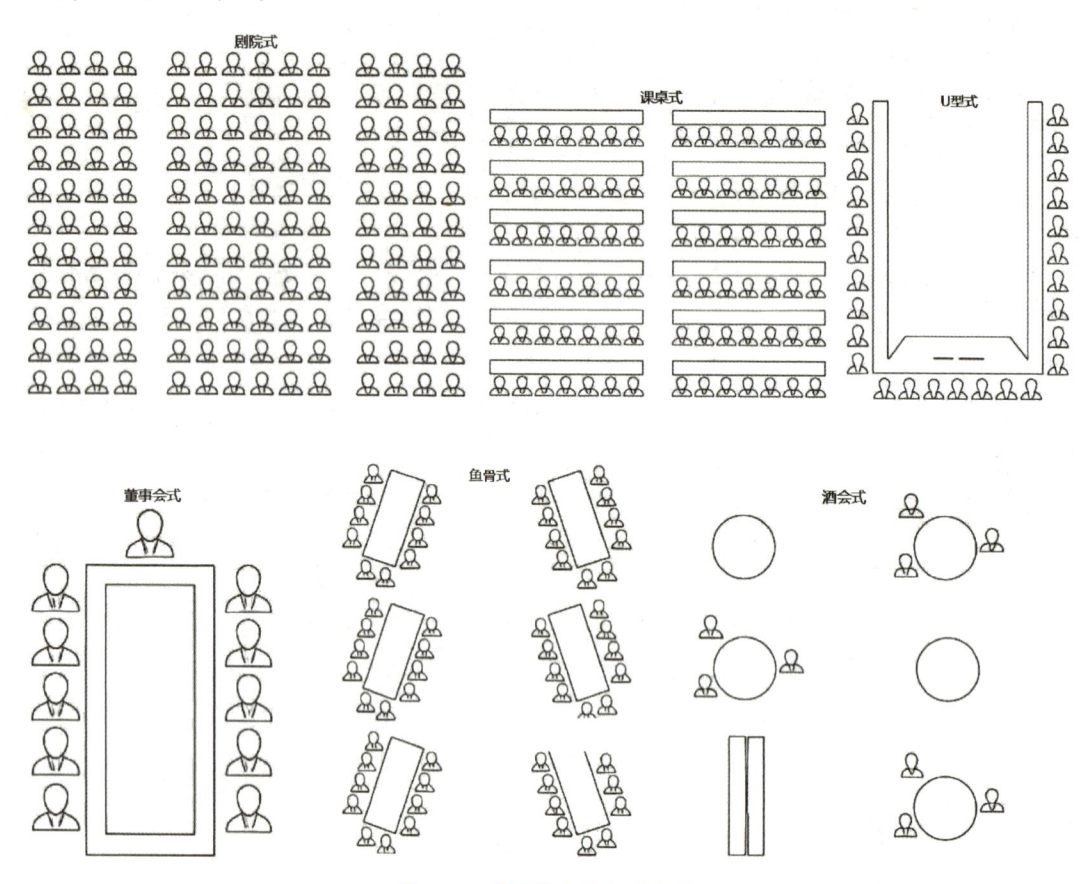

图8-2 常见的会议场地布置

- 剧院式：适用于大型演讲或报告会，所有座位面向讲台，适合听众众多但不需要互动的场合；
- 课桌式：适合培训和教育会议，桌椅排列整齐，方便参与者记录和观看演示；
- U型式：适合小型研讨会和工作坊，方便与会者交流和互动，同时保持对主讲人的聚焦；
- 董事会式：适合高层会议和决策讨论，通常设有一个中央大桌，参与者围坐，便于讨论和决策；
- 鱼骨式（分组式）：适合分组研讨或总结型会议，便于小组讨论又能观看主舞台或演示文稿。子按照鱼骨架即八字形依次摆开，在桌子的周围摆放座椅，组与组之间留出走路的间隔；

- 酒会式：适合社交聚会和网络活动，通常不设固定座位，与会者可以自由走动和交流。

2. 会议位置的"先后"讲究

会议座位的安排是一门艺术，需要细致考虑以避免不必要的误解和不快。在中国传统文化中，座位安排遵循"左尊右卑，中为至上，前排为尊"的原则。以下是具体安排方法：

- 奇数领导：将主要领导（1号领导）安排在中央位置，次要领导（2号领导）位于1号领导的左侧，紧随其后的领导（3号领导）位于右侧，其余领导按照"一左一右"的顺序排列；
- 偶数领导：在没有明显的最高领导时，可以将两位最高级别的领导分别安排在中央位置的两侧，其余领导按照"一左一右"的顺序排列。

在模拟大型会议或商务谈判的座位安排时，还需考虑与会者的身份、地位和会议的目的，确保每位与会者都能感到尊重和舒适。

3. 会议场地的选择

选择合适的会议场地是确保会议顺利进行的关键。以下是选择会议场地时需要综合考量的因素：

- 容量：确保场地能够容纳所有与会者，同时留有足够的活动空间；
- 位置：选择交通便利的地点，方便与会者到达；
- 设施：确保场地提供必要的技术设施，如音响、投影、网络连接等；
- 服务：考虑场地提供的餐饮、住宿和其他服务是否满足会议需求；
- 预算：根据预算选择性价比高的场地，避免不必要的开支；
- 形象：对于需要塑造公司形象的会议，选择高端或具有特色的场地可以增强会议的影响力。

综合这些因素，可以确保会议场地的选择既满足实际需求，又符合会议的预期效果。

小贴士 如何避免签到乱套

在公司年会上，小王负责签到组织工作。然而，现场的签到过程却一片混乱，许多参会者反映自己虽然参与了会议，但名字并未出现在名单上，因此错过了公司赠送的纪念品。入座时，一些专家甚至找不到自己的名字。究其原因，是小王只准备了一份签到表，由于被多人传递，无法让所有参与者顺利签到。同时，专家名牌也出现了错放的情况，有的参会者随意就座了。

情景讨论：应该如何安排签到？

✓ 会议签到设置至少两个点，以便为与会者提供充足的空间进行签到；

✓ 会议签到表格至少应准备三份，并保留一份作为备用，以应对与会者可能需要翻阅的情况；

✓ 必须再三确认会议名牌的放置位置，并在现场指派专人引导重要参会者入座，以避免因乱坐而产生的尴尬局面。

牛刀小试

会议名称：明确主题
目的：应详尽说明，方便成员们做相关的资料搜集
时间、地点
议程：应包含预定结束时间
准备资料

与会人员
主办单位

情景要求：公司的销售业绩下降，亟需开会讨论如何改进（以下为参考）。

会议名称：销售决策讨论会
目的：公司本季度销量下降，针对此问题请模拟公司会议，并提出改善对策
时间：2024.2.19 10:00AM
地点：会议室
议程：1. 现状说明　　2. 各部门报告
　　　3. 市场分析　　4. 提出解决方案
准备资料：相关报表、资料
与会人员：销售副总、销售总监、市场总监、各大区经理、办事处主任
主办部门：董事会、市场部

沟通工作室

李萌和石丽在清远公司担任前台，主要负责接待访客和转接重要电话。她们的工作日程紧凑，电话铃声此起彼伏，访客也络绎不绝。某日，一位与人力资源部的章部长预约见面的客人提前15分钟到达公司，并在前台与李萌接洽。

李萌立即通知了章部长，但章部长表示他正在接待另一位访客，只能让该客人稍等片刻。于是，李萌向客人解释："您的预约时间还未到，章部长正在接待一位非常重要的客人，请您再等待15分钟至约定时间。请随意就座……"话音刚落，电话铃声响起，李萌匆忙用手指向椅子示意客人坐下，然后转身去接听电话。客人面露不悦之色。

李萌接完电话后，为客人倒了水，并与之闲聊了几句，试图缓解其等待中的不悦情绪。
请思考：李萌做得较好和不妥的地方有哪些？

任务三　会议控场

工作任务	会议控场
建议学时	2 学时
教学模式	理实一体化
教学方法	启发式教学＋案例分析＋模拟演练
教学目标	知识目标：掌握会议控场方法，并熟悉使用流程； 能力目标：能够灵活掌握会议控场技巧并能应对不同类型的会议干扰者； 素质目标：提高服务应变能力，打造一个顺畅舒心的会议流程，树立正确的组织领导观念； 思政目标：向参会者传达会议精神，以积极心态和充分准备开展会议，加强主人翁意识、组织能力与责任担当。

解码沟通

如果你是某次部门会议的召集者，却发现你的员工出现了以下情况，你会采取什么应对方式？

（1）小李开会迟到了5分钟还觉得无所谓。

（2）小陈一向不喜欢发表自己的意见，只要不被点名永远沉默。

（3）小宋是个比较爱表达观点的员工，在会议过程中与人发生争执使得会议进行不下去。

请思考：怎么解决诸如上述的常见会议"小麻烦"？

高效会议管理

为了确保会议成功，会议的开始和进行审要进行精心策划和管理。以下这些关键步骤和技巧：

- 成功开始会议
  - ✓ 准时开会并对迟到者有一定惩罚措施；
  - ✓ 向每个与会者说明会议主题；
  - ✓ 制定会议的基本行为规范。

- 说好开场白
  - ✓ 开宗明义，先声夺人；
  - ✓ 因境制宜，营造气氛。

- 主持人的提问技巧
  - ✓ 多棱型问题；
  - ✓ 闭环形问题；
  - ✓ 随机型问题；
  - ✓ 指定型问题。

知识加油站

1. 会议控场方法

会议控场是确保会议顺利进行、达到预期目标的关键环节。有效的会议控场方法不仅能维持会议秩序,还能提高会议效率和参会者的满意度。以下是几种常见的会议控场方法。

- 明确议程与时间管理:提前制定详细议程,严格控制每个环节的时间。
- 设定会议规则:在会议开始前明确发言顺序、时长等规则。
- 积极引导讨论:主持人通过提问、总结等方式引导讨论。
- 处理冲突与分歧:主持人及时介入化解矛盾。
- 灵活调整会议形式:根据进展和反馈适时调整形式。
- 总结与反馈:会议结束时总结要点,征求反馈。

2. 会议有效提问类型

在会议中,提问是促进讨论、澄清观点和激发思考的重要手段。根据提问的目的和方式,可以将会议提问类型分为多棱型、闭环型、随机型和指定型四种,每种提问类型都有其独特的特点和作用,如表8-1所示。主持人需要根据讨论的需要和目的选择合适的提问类型,以促进讨论的深入和有效。

表8-1　会议有效提问的几种类型

提问类型	特 点	示例问题	作 用
多棱型问题	把别人向你提出的问题投问给所有参会者	"针对这个问题我们应该怎么做呢?"你可以说:"请大家都来为这个问题出谋划策吧。"	激发思考,促进讨论,获取更多信息
闭环型问题	向全体参会人员抛出问题,每人必须依次回答	"请每位与会者都发表观点吧,从市场部经理开始。"	快速获取明确答案,确认共识
随机型问题	向全体参会人员抛出问题,等待愿意主动说的参会者回答	"这次项目里有很明显的文案错误,请大家指出有哪几处?"这种方式可以鼓励那些想回答问题的人员,同时也会减轻想保持沉默的人	拓展思路,探索更多解决方案
指定型问题	向全体参会人员抛出问题,特别指定几人回答	"这次项目里有很明显的文案错误,请大家指出有哪几处?小何要不你来讲讲。"这种提问方式比较高效,有针对性解决问题	高效解决问题,有针对性

小贴士　如何杜绝和减少会议的迟到现象

如何有效减少会议迟到现象?为了降低员工参与会议的迟到风险,可以采取以下优化措施。

(1)将会议时间设定在非整点时间,如原定三点开会,可调整为三点零五分开始。这种"零头时间"设置会给人一种即将到整点的紧迫感,从而促使与会者提前到达会场。

(2)记录迟到者的姓名,并对其进行公示和业绩处罚。这样可以提醒员工重视会议纪律,减少迟到现象的发生。

跟影视学沟通

扫描二维码，观看视频 8-1，总结参会者的不同特点。

思考：除了提问，还可以用什么方式促使大家踊跃发言？

视频 8-1

牛刀小试

在会议中遇到以下问题，你会怎么处理？（请结合上述提问技巧作答）
- 大家沉默寡言，你想让讨论热烈起来；
- 你想打断某项讨论；
- 几个与会者在开小会；
- 两名与会者就一个观点争执；
- 与会者问了一个你难以回答的问题；
- 你想调查某个观点的支持度。

沟通工作室

天韵公司的年底市场运营盘点会议正在公司总经理的主持下火热开展。在会议中，李副总经理（负责市场运营）提出，公司接下来一整年的市场营销的重点应从"以保留国内市场为核心"转向"以拓展国际市场为核心"。他希望这一提案能在会议中得到其他领导和员工的支持。但负责销售的张副总经理对这个提案提出了反对意见，他认为国内的市场潜力不小，不需要调转国外市场，而且企业目前的资金实力不够，与其面面俱到，不如"各个击破"，先在国内市场取得绝对优势地位。而后针对决策方向，双方争论得不可开交。

如果你是这次会议的主持人，面对如此相争不下的局面，你打算如何解决？如果需要你就这次讨论会议作总结，你会怎么做？

任务四 会议主持稿编写

工作任务	会议主持稿编写
建议学时	2 学时
教学模式	理实一体化
教学方法	启发式教学＋模拟演练
教学目标	知识目标：掌握主持词编写技巧，注意在不同场合下主持词的不同使用方法； 能力目标：能够灵活编写不同适应性的主持词，学会编写欢迎会和晚会类主持词，灵活运用主持控场技能； 素质目标：提升个人写作能力、团队合作能力、口头表达能力； 思政目标：充分理解会议主持的重要性，以积极心态和充分准备迎接会议开展，加强主人翁意识与责任担当。

会议司仪或主持人在准备开场前需要设计自己的主持话语，这通常被称为主持词。主持词中通常会包含具有指挥性和引导性的语句，特别是在较为正规和大型的公众会议上，这些词语有助于主持人在忘记流程时提醒自己。会议主持词有一个大致的框架，它需要根据会议的流程、主题和预期成果来对相关事项进行说明。此外，主持词应特别强调需要来宾注意和参与的内容，对每个环节代表的发言进行简要评价，并对会后如何落实会议预期成果提出建议。

解码沟通

扫描二维码，观看视频8-2，说说从他们身上获得的主持启发。

视频8-2

知识加油站

会议主持词的编写技巧如下所述。

（1）"抛砖引玉"：主持词是为引出领导讲话和推动主题议程服务的，不能随意发挥，篇幅也不能过长。主持词主要起陪衬和烘托气氛的作用，要抓住重点，把握整场会议节奏。

（2）语言平实易懂：语言平实、庄重，开门见山，直接说明主题。无论是传达主办方的倡议和要求，还是促进集思广益、上情下达，都要做到传达信息的准确无误，切忌含糊其词、模棱两可。

（3）要重视头尾部分：主持词中最关键的是两个部分，一是开场词，要牢牢抓住参会者注意力，给人留下深刻印象；另一个是结尾的会议总结，往往要总结本场会议的点睛论点、重大收获，并布置下阶段的任务。中间部分，只需简单介绍会议议程即可。

小贴士 会议主持介绍切勿过度夸张，会议提要需直接明了[①]

主持人在介绍领导时，倾向于使用"非常荣幸""重要指导"等措辞，以显尊重；提及专家时，则偏爱"极为知名"或"国际权威"等词汇，以彰其地位；至于先进人物，应避免将其塑造得过于超凡脱俗，而应展现其作为普通人的卓越贡献。对主讲人的身份、成就进行客观真实的介绍，并表达诚挚的欢迎与感谢，是主持工作的基本要求。关键在于拿捏分寸，避免过度渲染与浮夸。

主讲人是会议中的"主角"，主持人的首要任务是迅速将主讲人推向前台，公布主讲的主题。最简单有效的方法就是实话实说。例如："同志们，今天的大会议程有两项，第一是行政工作报告，第二是党委工作报告。会议大约需要两个小时。下面就请谷院长作今年的行政工作报告，报告的题目是'抓住机遇，深化改革，转变观念，主动适应'，大家欢迎。"这样的直白语言虽然听起来没有太多特色，但与会者不会挑剔，因为它符合主持人的身份和当时的场合，是一种常用且有效的基本方法。

---

① 节选自王德海《传播与沟通教程》，北京：中国农业大学出版社，2007年。

拓展链接

主持词示例

示例1：公司常规会议主持词

尊敬的各位来宾，各位领导，各位同事，大家晚上好！

今天高朋满座，欢聚一堂，我们在这里隆重召开×××会议，目的是为了回顾过去一年来的工作成绩，总结经验，并做好下一年的新工作安排。首先，请允许我介绍一下应邀参加此次会议的来宾……这次会议的议程有……现在，进行大会的第一个议程，请公司总经理做这一年的工作报告。请大家热烈欢迎！

示例2：主持词中加入个人特色语句

感谢各位能光临今天本酒店的开业现场！俗话说：有朋自远方来，不亦乐乎？我们××大酒店为各位领导和来宾精心准备了开业庆典晚宴，请大家随我们一起步入宴会厅入席并就餐。

> 一些小型会议，如座谈会、研讨会、协调会等，为了活跃会议气氛，主持词可以生动、幽默、风趣一些。但是也要适度，拿捏不准还是不要随意开玩笑。

牛刀小试

情景1：假设你是公司年会的主持人，请你为今年年会制定一个特别的主题，设计年会流程，并写好头尾的主持词。

情景2：假设你是学校"最美校园人"晚会的主持，请你根据学校最具特色的学生活动设置2个相关奖项，并设置颁奖词和头尾主持词。

请在以上情景中选择其中一个进行写作训练，并两两配合做课堂呈现。

小故事大智慧

某大学从外校请来一名教授给学生做《红楼梦》的学术报告，主持人是这样介绍的："同学们，据我所知，世界上专为某个作家成立而且其影响经久不衰的学会只有两个，一个是研究莎士比亚戏剧的莎学会，一个是研究曹雪芹《红楼梦》的红学会。《红楼梦》是咱们国家文化宝库中的宝中之宝，是一部百读不厌的优秀著作。《红楼梦》共一百二十回，数十万字之巨，我们设想一下，生活当中有没有人真的把《红楼梦》读了一百遍？我告诉大家：有！今天我们请来的唐教授，一生痴爱《红楼梦》，读了不下一百遍，甚至能把其中的大部分内容熟练地背出来。唐教授对《红楼梦》很有研究，出版了六部相关专著，发表了四十多篇相关论文，是国内外知名的'红'教授。现在我们就欢迎唐教授来给大家讲一讲'大学生如何欣赏红楼梦'。"主持人的话音刚落，听众的掌声便如潮涌起。

鉴赏参考：

这段介绍有三巧，第一，通过莎学会与红学会的介绍，再一次唤起听众对《红楼梦》的自豪之感和热爱之情。第二，抓住"百读不厌"这个成语，"望文生义"，设置悬念，然后亮出真相，令人肃然起敬。第三，把唐教授巧妙地说成"红"教授，顺理成章，既轻松幽默，又使人倍感亲切。难怪主持人的话音刚落，听众的掌声便如潮涌起。显然，这掌声是给唐教授的，但谁能说这中间没有主持人的一份功劳？

风采展示馆

在晚会主持中，主持人串词可以承上启下、调节气氛。好的主持人串词应与主题及中心思想紧密相连，并在节目的名称和内容上发挥出语言特有的渲染作用，可以让节目更加生动，活动更加完美。

例如：一个节目是武术表演。武术所体现出的气息和关键词是：英武、强健、活力、热血澎湃，与企业及精神主旨相关联。我们自然就可以联想到企业的斗志与活力，以及企业的豪迈与英姿飒爽。那么，在这个节目之前的主持人台词就可以写成：

一心有一份大海的气魄，一生有一份苍穹的广阔。跨艰难而含笑，历万险而傲然。一路走来，正是凭借着内心深处这份果敢和英武，让我们不畏惧困境、不畏惧坎坷，迎难而上，谱写出一路高歌。让我们一起来欣赏中华武术。

情景要求：请为学校的学生元旦晚会写一篇节目开场白及节目之间的串词，3~5人为一组，互相搭配完成。

节目单如下：

```
×××学生会大合唱《相亲相爱一家人》
×××学院小品《向左走，向右走——升学还是工作》
×××学院舞台剧《相信我》
×××学院独舞《芳华》
×××学院独唱《隐形的翅膀》
×××学院服装社时装秀《中国古韵》
×××学院动漫社舞台剧《青春纪念册》
游戏环节、抽奖环节
×××师生节目《明天会更好》合唱
```

沟通工作室

扫描二维码，观看视频8-3思考会议高手是如何养成的。

视频8-3

任务五　会议记录与总结

工作任务	会议记录与总结
建议学时	2 学时
教学模式	理实一体化
教学方法	启发式教学＋模拟演练＋趣味运用
教学目标	知识目标：掌握会议总结的主要方式，熟悉会议记录的技巧； 能力目标：能够灵活掌握会议总结的不同方式并进行运用，训练会议速记，学会整体串场主持； 素质目标：培养正式场合演说技巧，提升写作能力和团队合作能力； 思政目标：提升主人翁意识和责任担当，以积极心态完成整场会议组织。

解码沟通

扫描二维码，观看视频 8-4，分享你印象最深刻的一次家庭总结性会议（相对正式的），做好会议主要内容的记录和整理，探讨沟通准备、流程的合理性及明显不当之处。

视频 8-4

知识加油站

1. 会议记录的技巧

（1）5W2H 原则：确保记录包含何事 (What)、何地 (Where)、何时 (When)、何人 (Who)、为何 (Why)、如何 (How) 及多少 (How Much)。

（2）语言精准：准确使用名词、动词、形容词，避免模糊表达。

（3）数字明确：详细记录具体数字，确保信息无误。

（4）关键词运用：巧妙运用关键词，便于快速检索和理解重点。

（5）条理清晰：采用列点的说明方式，保持内容条理分明。

（6）总结到位：善于提炼总结，概括会议核心要点。

小贴士

会议记录形式实例——晨华电子科技公司新项目第 5 次检查会议记录

1. 时间与地点

会议于 2024 年 12 月 4 日下午 2 点在公司 D 座会议室举行。

2. 出席情况

出席会议的主要是项目组的成员，包括王楚、张以梅、许敏和李婉。何明缺席，张倩发来了请假条。

3. 会议内容

（1）提出的问题：张以梅报告说，由于重要客户目前不在国内，她未能邀请他们参加会议。

◇ 同意的行动：周亦梅将在客户回国后邀请他们参加项目策划会。

◇ 完成的时限：下次会议前。

（2）进展报告：许敏报告说，软件开发已按计划进行，预计在2025年5月前完成第二版。然而，张倩对制图程序的可行性不予配合。

◇ 同意的行动：许敏将与张倩会谈，由李婉协助解决问题。

◇ 完成的时限：2024年12月21日。

2. 会议总结的方式

会议总结是会议组织者对会议成果的归纳性陈述，是组织者对会议的点睛之笔，关系到会议能否开得圆满成功，达到预计的会议结果。做好会议总结需要注意这些问题，首先做会议总结发言应尊重事实，需要对员工的表现进行客观评价，既充分肯定成绩，又指出不足之处，以便凝聚团队精神。

领导者进行有效的会议总结，可以采用如下方式。

（1）穿珠式：会议组织者运用发展联系的观点，把与会人员发言中的零星观点连接起来，挖掘闪光点，形成有价值的会议总结。

（2）归纳式：会议组织者运用归纳法，从与会者的发言中找出有关联性、规律性的内容。

（3）升华式：会议组织者对众人的思想进行加工和升华，尤其是那些不够完善和深刻的部分，使会议主题的层次提升到新的层面。

（4）评论式：这种方式多见于策略性研究会议上。在与会人员充分献计献策后，会议组织者要对这些意见做出表态，同时注意把握分寸，尽量让员工充分展示自身的观点并得到应有的尊重。

（5）拍板式：当各派各持己见其思路都已基本定型时，会议组织者综合会议提出的各项客观条件，及时拍板定案，尽量避免犹豫不决导致无法顺利得出会议结果，影响后续工作的开展。

拓展链接

论会议主持会后小结的自我修养[1]

会后小结比会前介绍难度更大，出问题也多在这一环节，主要有三个原因：第一，听众坐了很长时间，身心比较疲倦，加之主报告已毕，注意力难再集中，心思开始游离，盼望的是早点散会。

第二，"主角"退场，让出了"舞台"和"观众"，很容易刺激起"配角"的"表现欲"。

第三，主报告已确定了会议的主旋律，主持人的小结要扣紧主题，但他们往往准备不够充分，常常是说得越多，失误越多。

此时此刻，主持人一定要明了当前形势，并善于控制自己。

小结时一般不宜做过多评价，且评价宜粗不宜细，尤其是下级对上级、外行对内行的

---

[1] 节选自王德海的《传播与沟通教程》，北京：中国农业大学出版社，2007年。

报告进行评价更应慎重。另外,无论是点评还是小结,最好使用概括性强、提纲挈领式的语言,既节省时间,又便于巩固或升华会议内容。

如"同志们,刚才××给我们做了一场生动形象、很有教育意义的报告,从他身上体现出了四种精神:把癌症当作纸老虎的斗争精神,把荣誉当作起点站的进取精神,把金钱当作淡水的洒脱精神,把事业当作生命的实干精神。这些精神都非常值得我们学习,××同志不愧是我们学习的榜样。让我们再一次以热烈的掌声对××同志表示衷心的感谢和崇高的敬意——会议到此结束,散会!"

还有一点主持人应足够重视:要就事论事,千万不要跑题。有些主持人小结时大谈形势,大谈个人感受,信马由缰,越走越远,时间也越拖越长,结果自己都不知道该如何收场,这是必须引以为戒的。

沟通工作室

扫描二维码,观看视频 8-5,说说从中得到的会议总结关注的重点是什么。

视频 8-5

牛刀小试

扫描二维码,观看视频 8-6,对新闻发布会报道进行记录。请按照自己的想法记录,谁的内容记得最多,或者概括性内容最好,可获得"最佳新闻记录员"称号。

视频 8-6

小提示:如果无法及时记录会议内容,比如你本身就是会议的主要组织人员无法全程做记录工作,可以使用录音软件将会议内容录下来。现在还有很多应用程序不仅可以录音,还可以将音频直接转成文字内容,大大简化抄录工作。

风采展示馆

任务 1:会议主持情景模拟赛

请根据本任务的会议主持开场、会议过程控制和会议主持小结几部分沟通的技巧,模拟一次全校运动会或文艺晚会的组织动员会议,请做好会议的准备工作,写好主持开场词、过程环节安排及主持小结词,并在课堂内做展示,由大家评选出"最佳会议主持人"。

任务 2:测测你的会议掌控力

你在会议中是否具有以下行为?请在表 8-2 中根据个人会议表现,在对应的"是"或"否"列中打钩。

表 8-2 中的 12 个问题,你如果选择了题目中题号为单数的行为表现,请给自己加 1 分;如果选择了题目中题号为双数的行为表现,请给自己减 1 分。

表 8-2 会议掌控力自测表

你的会议表现	是	否
1. 总是在会议开始前三天就已经安排了会议的日程并将会议议程通知到每位与会者		
2. 当与会者询问议程安排时总是回答：还没有定呢，等通知吧		
3. 对于会议将要进行的每个议程都胸有成竹		
4. 会议开始前半个小时还在为某个议程犹豫不决		
5. 提前将每一个会议任务安排给相关的工作人员落实，并在会议前确认		
6. 临到会议前却发现还有一些设备没有安排好		
7. 预先拟订参与会议的人员名单，并在开会两天前确认关键人物是否出席		
8. 自己也忘了邀请哪些人出席会议，会议开始前才发现没有邀请主管领导参加会议		
9. 会议时间安排恰当，能够完成所有的议题		
10. 会议讨论时总有一些跑题		
11. 会场布置恰当，与会者觉得舒适又便于沟通		
12. 会议室拥挤不堪，大家盼望早点结束会议		

评分标准：

✓ 3～6 分：你的会议沟通技巧还是值得称道的。

✓ 0～3 分：你的会议沟通技巧也不错，不过需要改进。

低于 0 分：你的会议沟通技巧真不怎么样，赶快努力！

参考文献

[1] 黄漫宇.结构化表达：如何汇报工作、演讲与写作[M].北京：机械工业出版社，2020.

[2] 黎甜.结构化思维[M].北京：文化发展出版社，2019.

[3] 康青.管理沟通[M].5版.北京：中国人民大学出版社，2018.

[4] 谢红霞.沟通技巧[M].3版.北京：中国人民大学出版社，2018.

[5] 陈光谊.现代实用社交礼仪[M].3版.北京：清华大学出版社，2017.

[6] 中国就业培训技术指导中心，中国心理卫生协会.心理咨询师（国家职业资格二级）[M].北京：中国劳动社会保障出版社，2017.

[7] 张岩松，孟顺英，樊桂林.人际沟通与语言艺术[M].北京：清华大学出版社2010.

[8] 梁辉.有效沟通实务[M].北京：中国人民大学出版社，2010.

[9] 徐静，陶莉.有效沟通技能实训[M].北京：中国人民大学出版社，2014.

[10] 许岸高.有效沟通与解决冲突[M].北京：中国商业出版社，2014.

[11] 祖林.不会说话别当头：职场沟通的说话艺术[M].厦门：厦门大学出版社，2012.

[12] 达尔文.人类和动物的表情[M].周邦立，译.北京：北京大学出版社，2009.

[13] 马修·麦凯.沟通的艺术[M].严霄霏，译.北京：北京师范大学出版社，2009.

[14] 王德海.传播与沟通教程[M].北京：中国农业大学出版社，2007.

[15] 刘建明，王泰玄，谷长岭，金羽，等[M].宣传舆论学大辞典[M].经济日报出版社，1993.

反侵权盗版声明

电子工业出版社依法对本作品享有专有出版权。任何未经权利人书面许可,复制、销售或通过信息网络传播本作品的行为,歪曲、篡改、剽窃本作品的行为,均违反《中华人民共和国著作权法》,其行为人应承担相应的民事责任和行政责任,构成犯罪的,将被依法追究刑事责任。

为了维护市场秩序,保护权利人的合法权益,我社将依法查处和打击侵权盗版的单位和个人。欢迎社会各界人士积极举报侵权盗版行为,本社将奖励举报有功人员,并保证举报人的信息不被泄露。

举报电话:(010)88254396;(010)88258888
传　　真:(010)88254397
E-mail:　dbqq@phei.com.cn
通信地址:北京市海淀区万寿路 173 信箱
　　　　　电子工业出版社总编办公室
邮　　编:100036